Hindemith-Jahrbuch
Annales Hindemith
1994/XXIII

Hindemith-Jahrbuch
Annales Hindemith
1994/XXIII

Herausgeber
Paul-Hindemith-Institut, Frankfurt/Main

Mainz · London · Madrid · New York · Paris · Tokyo · Toronto

BN 134-10

© 1994 Fondation Hindemith, Blonay (Vaud, Suisse)
Einband und Typographie: Günter Stiller, Taunusstein/Ts.
Gesamtherstellung: HartDruck GmbH, 97332 Volkach
Printed in Germany
ISBN 3-7957-0134-1
ISSN 0172-956X

Inhalt

Vorwort 7

Andres Briner
Maß und Seele
Dem Paul-Hindemith-Institut
zu seinem 20jährigen Bestehen 10

Andreas Traub
Eine Perotin-Bearbeitung
Hindemiths 30

Peter Ackermann
Musikgeschichte und
historische Aufführungspraxis
Paul Hindemiths *Versuch
einer Rekonstruktion
der ersten Aufführung
von Monteverdis Orfeo* 61

Wolfgang Rathert
Zu Paul Hindemiths Bearbeitung
des 100. Psalms von Max Reger 82

Susanne Schaal
Wahn und Wille
Hindemiths Bearbeitung
des Duetts Nr. 16
aus *Cardillac* (1952) 103

Theo Hirsbrunner
Paul Hindemith und
Darius Milhaud
Gemeinsamkeiten und
Kontraste   124

Die Widmungsträger
von Hindemiths
*Konzert für
Orchester* op. 38   145

Vorwort

Im Laufe seiner langen Karriere als Komponist unterzog Paul Hindemith mehrfach sowohl fremde als auch eigene Werke einer teilweise ausführlichen Bearbeitung. Anlaß zur Revision gaben ganz unterschiedliche Beweggründe, wobei der Einfluß musiktheoretischer Einsichten auf die Neufassung eigener Werke – offensichtlich bedingt durch das programmatische Vorwort zur Zweitfassung des Liedzyklus *Das Marienleben*, in dem Hindemith direkt auf die Zusammenhänge zwischen Musiktheorie und Zweitfassung hinweist – häufig überbewertet wurde. Zu den wichtigsten Motiven, die Hindemith zur Bearbeitung eines Werkes veranlaßten, gehören aufführungspraktische Erwägungen, die sich teilweise spontan ergeben konnten. So änderte er während der Proben zur Uraufführung des *Cardillac* (1926) die Instrumentierung der Bühnenmusik im dritten Akt, da sich bei den Proben allzu große Schwierigkeiten offenbart hatten. Weil Walter Gieseking den zweiten Satz der Klaviersonate *Der Main* (1936), die er uraufführen sollte, nicht mochte, ersetzte ihn Hindemith durch einen völlig neuen Satz. Den Anstoß zur Umarbeitung von Werken wie etwa dem letzten Satz des *Schwanendreher* sowie der *Kammermusik Nr. 6 für Viola d'amore und Kammerorchester* gaben hingegen Hindemiths eigene Erfahrungen als Interpret dieser Werke.
Auch Bearbeitungen fremder Werke waren meist von aufführungspraktischen Überlegungen bestimmt. Die Beschäftigung mit alter Musik, für die sich Hindemith bereits während der Berliner Jahre und später im amerikanischen Exil intensiv einsetzte, führte zwangsläufig zur Frage, welche Bedingungen erfüllt sein mußten, um eine Wiederbelebung dieser Musik zu gewährleisten.
Ein tendenziell anderes Ziel verfolgte Hindemith mit der Bearbeitung von Werken wie den großen Opern *Cardillac* (1926) und *Neues vom Tage* (1929), aber auch der frühen Cellosonate op. 11, Nr. 3 (1919) oder

des Klarinettenquintetts op. 30 (1922). Er, der bereits 1922 von sich schrieb, er habe *als Komponist [...] meist Stücke geschrieben, die mir nicht mehr gefallen*, suchte nach Wegen, seine Werke zu »verbessern«, sei es, daß er sie im Sinne seiner eigenen neugewonnenen kompositionstechnischen Einsichten revidierte, oder daß veränderte dramaturgische Überlegungen den Anstoß zur Bearbeitung gaben. Daß auch hier letztendlich der Wille im Hintergrund stand, das jeweilige Werk *für die Zukunft lebensfähig zu machen* (so Hindemith über die Bearbeitung des *Cardillac*), weist wiederum auf das Ziel der Aufführbarkeit des Werkes, die für Hindemith als ausübenden Musiker immer von größter Bedeutung war.

Vier der im vorliegenden Band veröffentlichten Beiträge befassen sich mit dem Thema »Hindemiths Bearbeitungen fremder und eigener Werke«. Andreas Traub durchleuchtet Hindemiths Auseinandersetzung mit Perotins Organum *Sederunt Principes* und kommt zu dem Schluß, daß Hindemiths Eingriffe in den Notentext einer Bearbeitung gleichkommen. Peter Ackermann untersucht *Paul Hindemiths »Versuch einer Rekonstruktion der ersten Aufführung« von Monteverdis »Orfeo«*. Er stellt fest, daß der von Hindemith so genannte *»Versuch einer Rekonstruktion«* zu einer Weitergestaltung des Monteverdischen *Orfeo* geführt hat, die selbst Werkcharakter beanspruchen darf. Wolfgang Rathert kommt in seinem Beitrag *Zu Paul Hindemiths Bearbeitung des 100. Psalms von Max Reger* zum Ergebnis, daß die Bearbeitung als ein Stück auskomponierte Musikgeschichte gelten kann. Am Beispiel der beiden 1952 und 1961 entstandenen Fassungen des Duetts Nr. 16 aus *Cardillac* zeigt Susanne Schaal, wie Hindemith musikalische Mittel zur Verlagerung inhaltlicher Aussagen einsetzte.

Ergänzt werden die Aufsätze zum Schwerpunkt Bearbeitungen von einem Beitrag Theo Hirsbrunners zum Verhältnis von Hindemith zu Darius Milhaud sowie einer kurzen biographischen Notiz zu Franz Ernst, dem Widmungsträger des *Konzerts für Orchester* op. 38. Andres

Briners Beitrag *Maß und Seele*, mit dem das vorliegende Jahrbuch eröffnet wird, befaßt sich mit der Beziehung zwischen Hindemith und dem neupythagoräischen Theoretiker Hans Kayser sowie dessen Einfluß auf Hindemiths Musiktheorie. Briner widmete seinen Beitrag dem Paul-Hindemith-Institut, das 1994 sein 20jähriges Bestehen feierte.

Susanne Schaal

Andres Briner

Maß und Seele
Dem Paul-Hindemith-Institut zu seinem 20jährigen Bestehen

In den späten zwanziger Jahren dieses Jahrhunderts stellte sich, nach einer Phase leidenschaftlicher, oft durch Jazz-Übernahmen angetriebener Eruptionen rhythmischer Energien und dissonanter Spannungen, in der Musik Zentraleuropas ein Bedürfnis nach neuen Ordnungsprinzipien, nach neuen Maßstäben ein. Arnold Schönberg stützte sich in seinen Orchestervariationen op. 31 (1926/1928) und in seinem Dritten Streichquartett von 1927 auf aus der musikalischen »Klassik« übernommene Formstrukturen und entwickelte in ihrem Gehäuse die Methode der *Komposition mit zwölf nur aufeinander bezogenen Tönen*. Igor Strawinsky ließ die Wildheit seiner russischen Ballette hinter sich und wandte sich in Werken wie dem Oratorium *Oedipus Rex* (1927) und *Apollon musagète* (1928) einer modern-archaischen Strenge zu. Béla Bartók erreichte zu Beginn der dreißiger Jahre einen seine ungarisch-expressionistischen Elemente formal bändigenden Stil. Der ebenfalls als »Atonaler« verschriene Paul Hindemith suchte während seiner frühen Zeit als Kompositionslehrer an der Berliner Musikhochschule in der Redaktion von Aufsätzen und eines Lehrbuches *Unterweisung im Tonsatz* eine neu-tonale Grundlage für seinen Kompositionsunterricht und für seine weitern Werke. Die Basis dieses Studiums ist breiter, als man bisher annahm. Ein Versuch, den Verlauf dieser Interessen nachzuzeichnen, muß mit dem neupythagoräischen Philosophen Hans Kayser beginnen, dessen Einfluß sich bis in die Kepler-Oper *Die Harmonie der Welt* von 1956/57 hinzog.
Der 1895 geborene Paul Hindemith, einundzwanzig Jahre jünger als Schönberg, dreizehn Jahre jünger als Strawinsky und vierzehn Jahre

jünger als Bartók, wurde wie Hans Kayser und wie die drei oben genannten Komponisten in den dreißiger Jahren in die Emigration gezwungen; für die Entwicklung einer humanistisch orientierten Musik auf europäischem Boden blieb also nicht viel Zeit. Kayser siedelte bereits 1933 in die Schweiz über und wurde 1958 in Bolligen bei Bern Schweizer Bürger. Hindemith, der seit 1934 nicht mehr unterrichten durfte, benützte ein Walliser Domizil als Ausweich- und Abwartquartier und ging dann 1940 an verschiedene amerikanische Lehrinstitute, vor allem die Yale-University, wurde nach dem Krieg Amerikaner, lehrte aber zwischen 1951 und 1957 an der Universität Zürich.

Kayser und Hindemith erhielten ihre ersten Eindrücke in der letzten Phase des Wilhelminischen Deutschland, zu dem sie beide Widerwillen faßten. Der 1891 im württembergischen Buchau geborene Kayser studierte Komposition bei Joseph Haas, bei Engelbert Humperdinck und beim damals, besonders als Lehrer, noch tonal orientierten Arnold Schönberg. Folgenreicher war sein Studium bei Hermann Kretzschmar, von dem er weniger den Zug zur Bedeutungslehre, zur Hermeneutik, als den Glauben an einen ethischen Grundgehalt des musikalischen Ausdrucks übernahm. Kayser komponierte selber – *nun liegen mehrere Partituren auf meinem Schreibtisch*, schrieb er 1928 – und versuchte, über Paul Hindemith ein Streichquartett zur Aufführung zu bringen; aus der Reaktion des Komponisten kann man auf Hindemiths negatives Urteil schließen. Dieser Eindruck von Kayser als Komponist hat Hindemiths Willen zum Erfahrungs- und Gedankenaustausch mit Kayser zwar gedämpft, aber zerstört hat er ihn nicht.

Kaysers *Orpheus*-Schrift

Die frühesten Veröffentlichungen Kaysers galten der Kunstwissenschaft und der Mystik, beide zusammengefaßt in seiner Tätigkeit als Herausgeber der im Insel-Verlag erscheinenden Reihe *Der Dom. Bücher deutscher Mystik*. Kayser selber gab die Bände *Paracelsus* und *Böhme* heraus. (Paul Hindemith schaffte sich sein erstes Kepler-Buch nicht zufällig aus dieser Reihe an; es handelt sich um die von W. Harburger übersetzte und herausgegebene Anthologie *Johannes Keplers Kosmische Harmonie*, Leipzig 1925.) Zwischen 1920 und 1928 wandte Kayser sich zunehmend dem Studium der Schriften des Pythagoras und der Pythagoräer zu. 1924 erschien in nur 240 Exemplaren bei Gustav Kiepenheuer der Prospekt zum zwei Jahre später publizierten *Orpheus*-Band, in dem das große Werk, das sich auf viele Bände erstrecken sollte, angekündigt wurde. In Hindemiths Privatbibliothek in Blonay liegt der Prospekt im Buch, und für das großformatige Buch hat Hindemith wahrscheinlich einen passenden Gestellteil reserviert – das sehr im Gegensatz zu seiner Diskretion dem Einfluß Kaysers gegenüber.

Der Band erschien nach langer Vorbereitung 1926 unter den Überschriften *Orpheus – morphologische Fragmente eines akustischen Weltbildes* im Gustav-Kiepenheuer-Verlag in Potsdam. Wenn man sich erinnert, daß in diesen selben Jahren Dadaismus, Kubismus, die Verehrung mechanischer und abstrakter Darstellungsarten, die frühe, die sogenannte »freie« Atonalität, ja sogar die organisierte Atonalität Fortschritte machten, so versteht man den Charakter der Gegenposition, die Kayser bezog. Ihn machte während der Jahre des aufsteigenden Nationalsozialismus sein klassisch-humanistischer Glauben immun gegen die heranziehende Knechtung neuer Kunstrichtungen – obgleich er aus persönlichen Gründen ihnen auch skeptisch gegenüberstand.

Die Inhaltsübersicht des Prospektes zeigt, daß sich Kaysers Projekt den verschiedensten Wissensgebieten zugewandt hätte. In seinen Briefen an Hindemith kommt Kayser einige Male auf jenen »harmonikalen« Unterricht zu sprechen, den Hindemith (in seinem Brief von Anfang März 1935) *mit dem harmonischen* [System] *verbinden* möchte. Das achte Kapitel Kaysers hätte sich auf dem gleichen Terrain bewegt wie Hindemiths *Unterweisung im Tonsatz*, wäre aber wohl ebenso wenig praktisch anwendbar geworden wie die beiden Teile der Ersten Lieferung, nämlich der beiden mit einer Einleitung versehenen und veröffentlichten Kapitel.

Das 3. Kapitel hätte sich Sternen und den *Formeln der Harmonik* zugewandt, das 4. Kapitel Astronomie und Astrologie, das 5. wäre unter der Überschrift *Vom Klang im Mikrokosmos* Chemie und Alchemie gewidmet gewesen; die Themen des 6. Kapitels wären Physik, Optik und Farbenlehre gewesen. Möglichkeiten für die Musik hätte neben dem 8. Kapitel (*Die Harmonielehre, Tonsystem, Musiktheorie*) das 11. Kapitel (*Klang und Form. Architektur, Kunst*) geboten. Da Kayser sich in der Einleitung (S. XVIII) auf Vitruvs *De architectura* bezieht, in dem ein eigenes Kapitel vom Gebrauch der harmonischen Proportionen durch die Baumeister handelt, kann man sich dieses Kapitel in freier Weiterführung des Vitruv vorstellen. Das 9. Kapitel hätte unter dem Titel *Klang und Wachstum* der Botanik und der Zoologie gegolten, das 10. unter dem Titel *Mensch, Ton und Rhythmus* der Anthropologie, der Geschichte und dem Problem der Periodizität. Vor dem letzten Kapitel, einem »Ausklang« (*Historische und Zukunftsschau*) hätte das 12. Kapitel wohl im Sinn des alten Goethe, den Kayser verehrte, *Vom Schauen* gehandelt und dabei Philosophie, Sprache, Psychologie und Ethik einbezogen.

Dieser Aufriß zeigt einen quasi-aristotelischen, hoffnungsreichen Versuch, alle Wissenschaften in einem zusammenhängenden Wissensgebäude zu vereinigen. Dieses Hochgefühl hielt bei Kayser aber nicht lange an. Sowohl die wahrscheinlich materiell bedingte Unmöglichkeit, den Plan auszuführen, wie auch jene politischen Ereignisse von 1933, die Kayser zur Emigration zwangen, dämpften seinen Elan. In den *Harmonikalen Blättern*, die Kayser später in seiner Schweizer Emigration herausgab und auch an Hindemith sandte, sind Zeichen von Resignation unübersehbar. Sie zeigen Ausprägungen von Zweifeln an der menschlichen Fähigkeit des ungestörten Durchgestaltens großer Zusammenhänge – Zweifel, welche der Melancholie des späten Hindemith in einigen Zügen entsprechen.

Kaysers unaufgeforderte Übersendung der ersten Lieferung (der nie eine zweite folgen sollte) des *Orpheus* im Oktober 1928 an Hindemith gibt ein Rätsel auf. Teilweise verständlich wird die Zustellung vor dem Hintergrund der Übersendung seiner Streichquartett-Partitur, der er das Pseudonym »Johannes Göbel« mitgab. Die Berufskritik, so steht im Begleitbrief, wäre der Musik eines Wissenschafters von vornherein feindlich gesinnt. *Gar zu leicht möchte ich es der Kritik nicht machen.* Allerdings nimmt Kayser den *Wissenschaftler* mit dem Relativsatz zurück, *der ich doch gar keiner bin.* Das wird charakteristisch für ihn bleiben, der dem Begriff der *Tonzahl* eine Empfindungsqualität zuerkennt, ihre Kenntnis also über das Wissen hinaushebt. Kayser war aufgrund seiner Studien überzeugt, daß den Verhältniszahlen der musikalischen Intervalle psychische Kräfte innewohnen, die durch den schaffenden Künstler modifiziert und intensiviert, aber nicht grundsätzlich abgeändert werden können. Der ganze *Orpheus*-Band atmet den Glauben an eine Prädeterminierung der Psyche durch die klingende Zahl. Die harmonikale Lehre, die Kenntnis der harmonikalen Maße, ist für ihn also nicht (nur) Rechnerei, sondern Seelenkunde. Das Rätsel bleibt vorläufig: Hindemith war damals ein betont sachlicher Komponist; in dieser Phase seiner Entwicklung setzte er auf seine ungeheure instrumentale und kompositorische Begabung, auf Ungestüm, Jux und Unbekümmerheit.

Stand also im Jahr 1928 Paul Hindemith Hans Kaysers Einsichten und Überzeugungen noch fern, befand er sich doch zugleich an der Schwelle neuer Interessen, und er war in Übereinstimmung mit dem eingangs erwähnten »Zeitgeist« dieser Jahre neuen Ordnungsgedanken gegenüber offen. Er hatte seit 1919 Werke hervorgebracht, welche die spätromantischen Form- und Harmoniebindungen hinter sich ließen und von Konservativen, sachlich ungerechtfertigt, gern als »atonal« betrachtet wurden. Kayser kann trotz seiner pythagoräischen und platonischen Interessen nicht zu diesen Konservativen gerechnet werden. Er hörte besser hin als sie und hatte unter den »Neutönern« – es gab ja damals auch Alois Hába, Ernst Křenek, Anton Webern, Egon Wellesz, Arthur Lourié und andere – bereits jenen erkannt, der sich in den dreißiger

Jahren dann bewußt zu den Grundlagen der Tonalität, wenn auch nicht der konventionellen, bekannte. Im Antwortbrief Hindemiths auf Kaysers Buch- und Quartettsendung geht der Komponist allerdings nur kurz auf den *Orpheus* ein; er meldet: *Sehr geehrter Herr Dr. Kayser, ich habe immerzu so viel Arbeit, daß ich erst in den Sommerferien dazu kommen werde, ihren Orpheus zu lesen. Bis jetzt konnte ich nur ein wenig darin blättern.*[1]

Haase kannte zur Zeit seiner Briefausgabe die in den gleichen Themenkreis gehörende, 1957 in München uraufgeführte Kepler-Oper *Harmonie der Welt* von Hindemith, aber er wußte noch nicht, welche Bücher sich Hindemith im Anschluß an seine Begegnung mit Kaysers *Orpheus* angeschafft hatte.

Direkter Einfluß Kaysers

In einem Brief von Gertrud Hindemith an Kayser vom 19. Dezember 1934 finden sich die ersten Zeichen des Interesses des Komponisten an Kaysers Ausführungen. Sie schreibt: *Sehr geehrter Herr Dr. Kayser, Zu meinem Erstaunen finde ich hier Ihren Brief* [vom 26. November] *unbeantwortet vor. Mein Mann hatte sich sehr damit gefreut und wollte Ihnen gleich darauf schreiben.[...] Er wollte Ihnen vor allem über eigenartige Zusammenhänge berichten, die er beim Studium Ihres Orpheus gefunden hat. Er trägt sich schon seit langem mit der Arbeit zu einem neuen Theoriebuch und will bald damit anfangen, es zu schreiben.* Dieses Theoriebuch wurde Hindemiths *Unterweisung im Tonsatz*, deren erster theoretischer Teil 1937 bei Schott in Mainz herauskam.

---

[1] Die Korrespondenz zwischen Hindemith und Kayser wurde von Rudolf Haase im Heft 5 der *Beiträge zur harmonikalen Grundlagenforschung* veröffentlicht: *Paul Hindemiths harmonikale Quellen – sein Briefwechsel mit Hans Kayser*, Wien 1973. Im Hindemith-Jahrbuch 1973/III hat Erich F. W. Altwein diesen Briefwechsel und seine Ausgabe kommentiert. Ein letzter Brief Kaysers an Hindemith vom 20. Februar 1936 ist im Hindemith-Jahrbuch 1974/IV veröffentlicht worden. Ihn hatte Hindemith nicht mehr beantwortet.

Während der zweite Teil (1939) und der dritte Teil (posthum 1970) Übungsbücher für die Praxis sind, legt dieser erste Teil die Grundlage für Hindemiths neues, dem »reinen« angenähertes Stimmungssystem und die mit diesem im Zusammenhang stehenden Kompositionsprinzipien – Hindemiths Antwort auf die Forderung der Zeit nach einem musikalisch gefestigten Maß für die Seele.
Gehört nicht ein ungeheures Maß bewußter Materialbeherrschung und -anwendung dazu, in Töne zu übertragen, was das Herz diktiert?, fragt der Komponist in der Einleitung zur *Unterweisung*. Er summiert den Aufbruch nach dem Ersten Weltkrieg: *Ich habe den Übergang aus konservativer Schulung in eine neue Freiheit vielleicht gründlicher erlebt als irgendein anderer.* Er evoziert die *im letztvergangenen Jahrhundert erfolgte Entdeckung der größten Gewalt und der feinsten Reize des Klanges*, die *ungeahnten Fernen*, in welche die Fragen der Satzkunst gerückt sind, er schreibt davon, daß *von der Menge unverbrauchten Materials geblendet, betäubt von der unerhörten Neuheit der Klänge [...] jeder ohne Überlegung an sich* [riß]*, was er vermeinte brauchen zu können.* Die Lehrsysteme mit dem neuen Material in Übereinstimmung zu bringen, sei versäumt worden. Das will er hier leisten.
Indes nimmt Hindemith im ganzen Buch keinen einzigen Bezug auf Kayser. Er dankt nur seinem Berliner Kollegen Herman Roth, der sich ausgiebig und zunehmend kritisch mit dem Text befaßt hatte, und dem in der Elektroakustik experimentierenden Dr. Friedrich Trautwein sowie seinem Kompositionsschüler Oskar Sala, dem ersten Spieler des »elektrischen Musikinstruments Trautonium«. Tatsächlich war auf einem solchen Musikinstrument besser als auf dem von Hindemith herangezogenen mittelalterlichen Monochord akustisch zu experimentieren, und der Komponist tat dies ausgiebig. Allerdings – so steht im Kapitel *Obertöne* – *ein gänzlich obertonloser Ton ist ausdruckslos, ohne Profil und Eigenkraft. Er ist mit unseren Musikinstrumenten nicht darstellbar. In absoluter Reinheit läßt er sich nur mit Hilfe der Elektrizität in Röhrensummern oder ähnlichen Geräten erzeugen, musikalisch*

brauchbar ist [dieser Sinuston] *kaum*. Diese Feststellung kommt aus dem Bewußtsein, daß der akustisch reine Ton noch keinen Körper und keine Seele besitzt. Man sollte deshalb die *Unterweisung* nicht nur als akustisches, sondern auch als musikalisches Grundlagenbuch lesen.

Den humanistischen und historischen Unterbau der *Unterweisung* schöpfte der vermeintlich rastlos in der eigenen Gegenwart tätige Hindemith nicht aus sich selber. Viele Persönlichkeiten, unter ihnen Trautwein und Sala, Georg Schünemann, Curt Sachs und sein Schwager Hans Flesch, seit 1929 Intendant der Berliner Rundfunkstelle, vermittelten ihm Kenntnisse. Sie alle geboten aber nicht über jenes Wissen von alten Stimmungssystemen und ihren Zusammenhängen mit Philosophie und Religionen, wie sie sich Hans Kayser erarbeitet hatte. Kennzeichnend sind die drei Geleitworte, welche Kayser seinem *Orpheus* mitgab. Das erste stammt aus Stifters *Nachsommer* und mündet in den Satz: *Es geht gleichsam der Reiz der Ahnung in die Herzen, wozu etwas dasein könne und wozu es Gott bestellt haben möge*. Das zweite Geleitwort ist ein Zitat aus Goethes *Wanderjahren*: *Auf die primären, die Urversuche, kommt alles an*. Der Dichter des dritten Geleitworts liegt Kayser besonders nah, Novalis, in den *Lehrlingen zu Sais*: – *O, daß der Mensch die innere Musik der Natur verstände*.

Das zweite und das dritte Geleitwort stehen Hindemiths Unternehmung, aus der Natur der Töne und ihrer akustischen Verwandtschaften, gleichsam in *Urversuchen*, die Grundlagen eines neuen musikalischen Satzes zu schöpfen, besonders nah. Die Perspektive Stifters liegt in diesem Augenblick noch ferner, aber die Frage, wie weit sich der aufwachsende Hindemith religiösen »Ahnungen« wirklich öffnete, wird von verschiedenen Beobachtern unterschiedlich beurteilt. Kurt von Fischer schreibt in der Einleitung zum von ihm herausgegebenen Band *Klavierlieder I* der Gesamtausgabe, daß man in *Jesulein Schlaflied* über Text von Guido Gezelle aus dem Jahr 1917 *eine Vorahnung für Hindemiths religiöse Thematik des »Marienlebens«* sehen könne. Spätestens in einer Arbeit der dreißiger Jahre, in der 1938 in Zürich uraufgeführten

Grünewald-Oper *Mathis der Maler*, wird eine religiöse Komponente neben der autonom-künstlerischen aufscheinen.
Da Hindemith bis gegen Ende der zwanziger Jahre als vielseitiger und tüchtiger Musiker, als ausgesprochener Praktiker galt (und gelten wollte), nahm niemand die volle intellektuelle Vorarbeit der *Unterweisung im Tonsatz* wahr. Weder Heinrich Strobel, als er nach dem Zweiten Weltkrieg die 1948 erschienene dritte Auflage seiner Hindemith-Biographie bei Schott veröffentlichte, noch mir, als ich an das erste Hindemith-Buch von 1971 ging, war der Umfang dieser Vorarbeiten klar. Giselher Schubert legte im Hindemith-Jahrbuch 1980/IX die ausführlichste und gründlichste Untersuchung zur *Vorgeschichte und Entstehung der »Unterweisung im Tonsatz. Theoretischer Teil«* vor, und auch er begann notwendigerweise mit den Überzeichnungen von Hindemith als eines Un- und Antiintellektuellen. Schubert geht dann allerdings zu dem von Josef Müller-Blattau geplanten *Handbuch der Musik* über und damit zu Hindemiths Aufsätzen *zur Fundierung der Musiktheorie*. Der heutige Direktor des Hindemith-Instituts verschafft mit Einblicken in die verschiedenen Fassungen des Lehrbuchs einen Begriff der kontinuierlichen geistigen und redaktionellen Anstrengungen des Komponisten, um sein musiktheoretisches Konzept so gut wie möglich abgerundet vorstellen zu können. Schubert geht auch bereits auf die spezifischen Angriffsflächen und Rezeptionsprobleme der *Unterweisung* ein. Auf den Seiten 54 und 55 resümiert er jenen Anspruch eines Einfluß Kaysers auf Hindemith, wie ihn Haase in seiner Briefausgabe erhebt. Schubert sieht Hindemiths Voraussetzung von *ewigen Gesetzen*, die überhistorisch im musikalischen Material wirksam sind, mit Recht als ein Gedankengut, das Hindemith auch aus anderen, bekannteren Quellen geschöpft haben könnte. Allerdings werden in der *Unterweisung* und in den Handbuch-Aufsätzen auch direkte Kayser-Einflüsse deutlich, die sich weniger auf bestimmte unveränderliche Gesetzmäßigkeiten als auf seelische Gehalte des Meßbaren und auf die geschichtliche Breite der Sicht beziehen.

Übereinstimmungen und Abweichungen

Hindemiths Berechnungen in der *Unterweisung im Tonsatz* lassen sich vor dem Hintergrund von Kaysers Ausführungen in dessen Einleitung besser verstehen: *Die Fähigkeit der Seele nun, durch eine geheime innere Rechnung die Tongesetze zu kontrollieren, sie zu bestimmen, d.h. die Zahl seelisch zu erfassen, und zwar nicht in verschwommenen Proportionen, sondern in ganz einfachen, aus den ersten Zahlen der Ganzzahlreihe hervorgehenden Verhältnismaßen, muß wohl unsere höchste Aufmerksamkeit erregen [...] In der Übereinstimmung von bestimmten Zahlenverhältnissen und seelischem Empfinden liegt die Erfüllung eines großen Wunsches verborgen, der wie ein unausgesprochener Gedanke fast die gesamte Wissenschaft der Neuzeit durchzieht: eine Brücke von unserer Seele, dem Unfaßbaren, Unwäg- und Unzählbaren, zur Materie, dem Zählbaren und Wägbaren, zu finden, eine Brücke, die den Forderungen wissenschaftlicher Gründlichkeit – welche bekanntlich mit der Mathematik als Maß der Dinge mißt – in jeder Hinsicht entspricht. Die Harmonik schafft diese Brücke, indem sie die Zahl als Klang lehrt und vernimmt.*

Vor diesem Hintergrund nimmt sich Hindemiths Anspruch, eine überzeitliche Ordnung zu finden und zu entwickeln, weniger vermessen aus. Wenn Hindemith in seiner eigenen Einleitung schreibt: *Der Lehrer wird in diesen Blättern die Grundzüge des Tonsatzes finden, wie sie aus der natürlichen Beschaffenheit der Töne sich ergeben und deshalb allezeit Gültigkeit haben,* so will er damit nicht jeder tonsetzerischen und künstlerischen Weiterentwicklung eine Chance absprechen. Wohl aber ist ihm, der sich eingangs auf Johann Joseph Fux' Lehrbuch *Gradus ad Parnassum* von 1725 bezieht, daran gelegen, in der Gefahrensituation des Verlustes einer (vermeintlich) naturgegebenen Basis ein harmonisches Grundwissen mitsamt seinen harmonischen, teilweise in Kaysers Sicht »harmonikalen« Möglichkeiten zu sichern.

Hindemith braucht in der *Unterweisung* gern die Metapher des Bauens, auch wenn er von Schwingungen und ihren Verhältnissen schreibt.

Solches war und ist in der musikalischen Akustik nicht üblich. Der Abschnitt III ist *Eigenschaften der Bausteine* betitelt, in ihm wird auch die auf Boethius gründende Dreiteilung der musikalischen Sphären exponiert. Hindemith schreibt von *Sternkundigen* und *Sternnebeln*, wie sie Hans Kayser im Bild zeigt; zuvor treten auch Handwerksbegriffe auf, aber sie zielen auf Zahlenverhältnisse, *die so vollkommen sind, daß die unzureichenden Sinnesorgane der Menschen sie nicht vernehmen, ja die zu ihrer Auswirkung nicht einmal des Klanges bedürfen, da die Zahlenrationen als Urgrund und Sinn aller Bewegung und alles Klingens dem denkenden Geiste mehr sind als das Äußere der Musik* [...]. Dieser Passus könnte von einem antiken Philosophen und dann wieder von einem christlichen Mystiker stammen, geht wohl aber auf Kayser zurück. Wie Kayser zieht auch Hindemith die (damals noch wenig erforschte) Welt des Atoms als Abbild des klingenden Kosmos im Kleinen heran.

Diese Ausweitung der geschichtlichen Breite verdankt sich bis in die Nennung von *dreihundert Jahren* direkt Hans Kayser. Dieser schreibt auf Seite XX seiner Einleitung: *Man ist noch gar nicht auf den Gedanken gekommen, daß diese verhältnismäßig kurze Epoche* [einer dreihundertjährigen Vergangenheit] *nicht maßgebend sein kann für die gesamte Entwicklung der bisherigen Historie.* Im IV. Kapitel der Handbuch-Aufsätze benützt Hindemith diesen Zeitraum, wo er sich gegen eine Satzlehre als Stillehre wendet: *Für die Melodik müssen Grundgesetze aufgestellt werden, die nicht von irgendeinem Kompositionsstil der letzten 300 Jahre abgeleitet sind, die vielmehr die Grundlagen jeglicher Melodiebildung in allen Zeiten und Stilen waren.*[2] Der Entschluß, jene Analyse-Beispiele in der kommenden *Unterweisung*,

---

[2] Zitiert bei Giselher Schubert, *Vorgeschichte und Entstehung der »Unterweisung im Tonsatz. Theoretischer Teil«*, in: Hindemith-Jahrbuch 1980/IX, S. 36, und auch von Jürgen Blume, *Hindemiths erste und letzte Fassung der »Unterweisung im Tonsatz« im Vergleich*, in: Hindemith-Jahrbuch 1991/XX, S. 73.

die besonders viele Angriffsflächen bieten, auf Musik vor Bach auszudehnen, kann sich durchaus in diesem Zeitpunkt eingestellt haben.

Hans Kayser und Paul Hindemith gemeinsam ist eine Abwehr jener Ich-Betonung, wie sie der späte Expressionismus pflegte (an dem Hindemith ausgiebig teilhatte). Beim einen wie beim andern dient der Rückgriff auf frühe geschichtliche Stadien der Bekämpfung des (von Kayser so genannten) *Überindividualismus* seiner eigenen Zeit. Hier allerdings ist die Übereinstimmung alles andere als vollständig. Kayser klagt in seiner Einleitung auf Seite VIII die Ratio ein: *Die Ratio führt zur Atonalität, d.h. zu einer Art Hypertrophie des musikalischen Individuums. Die Materie provoziert den Mechanismus als Selbstzweck.* (Dies ist interessanterweise ein Vorwurf, welcher der Dodekaphonie gegenüber tatsächlich erhoben wurde.) In beiden Druckfassungen der *Unterweisung* sieht Hindemith einen Hauptzweck seines Lehrbuchs darin, *einen Damm gegen Willkür und Übertreibung* zu bilden. Für den Theoretiker Hindemith existiert »Atonalität« im Kapitel *Atonalität. Polytonalität* allerdings nur da, wo ein Komponist *vielleicht aus der Erkenntnis der Unzulänglichkeit alter Setzweisen für unsere Zeit, vielleicht auf der Suche nach einem seinen Empfindungen gemessen Ausdruck, vielleicht auch nur aus reinem Mutwillen [!] Tonverbindungen erfindet, die weder den Forderungen des Materials entsprechen noch durch die einfachsten rechnerischen Nachprüfungen zu kontrollieren sind.* Die Ratio muß also sowohl die *Forderungen des Materials erkennen* wie auch die *rechnerischen Nachprüfungen* leisten können. Das steht in Übereinstimmung mit folgendem, Hindemiths Sachlichkeit bestätigendem Passus im Kapitel *Anwendung: Das echte Kunstwerk hat es nicht nötig, sein Äußeres in einen geheimnisvollen Schleier zu hüllen; es ist geradezu das Merkmal großer Kunst, daß in ihr erst über der restlosen Deutbarkeit des notwendigen technischen Aufwandes das Unfaßbare wahrer Schöpferkraft zu erfühlen ist.* Das ist einer von mehreren Sätzen, die mit Hans Kayser nicht übereinstimmen, die sogar implizit gegen ihn gerichtet sein mögen.

Aus dieser unterschiedlichen Haltung der Ratio gegenüber erklärt sich auch Kaysers größeres Bedürfnis, sich gegen Anschuldigungen eines bloßen *Rationalismus* zu verteidigen. Auf Seite VIII seiner Einleitung wehrt er sich gegen den Vorwurf, Messungen von Zahlenverhältnissen blieben per se im Materiellen stecken. *Den hier zu hörenden Einwurf, daß die Rückführung seelischer Dinge auf die Zahl ein Rückfall in rohesten Materialismus und Rationalismus bedeute, erträgt der Harmoniker mit Gelassenheit. Er weiß [...] den Unterschied zwischen Maßzahl und Klang-Zahl als eine der ersten Voraussetzungen harmonikalen Anschauens wohl zu würdigen.* Zwar ist Kaysers *Klang-Zahl* ein Neologismus, aber er gründet deutlich – darauf geht er selber ein – in den pythagoräischen Entdeckungen und Deutungen im Altertum.

Bei Hindemith findet sich der Begriff der *Klang-Zahl* nicht, wohl aber eine Annäherung von *Maß, Musik und Weltall*, die sich deutlich von Kayser herleitet und im *Handwerklichen* die Überwindung des kompositorischen *Mutwillens* feiert. So schreibt er in der Erstfassung gegen Ende der Einleitung: *Ich weiß mich mit dieser* [positiven] *Einstellung zum Handwerklichen des Tonsatzes einig mit Anschauungen, die gültig waren lange vor der Zeit der großen klassischen Meister. Wir finden ihre Vertreter im frühen Altertum; weitblickende Künstler des Mittelalters und der Neuzeit bewahren die Lehre und geben sie weiter. Was war ihnen das Tonmaterial? Die Intervalle waren Zeugnisse aus den Urtagen der Weltschöpfung; geheimnisvoll wie die Zahl, gleichen Wesens mit den Grundbegriffen der Fläche und des Raumes, Richtmaß gleicherweise für die hörbare wie die sichtbare Welt: Teile des Universums, das in gleichen Verhältnissen sich ausbreitet wie die Abstände der Obertonreihe, so daß Maß, Musik und Weltall in eins verschmolzen.* Schon im vorhergegangenen Abschnitt schreibt Hindemith von der *geheimen Ordnung der Töne*, die jetzt *erlauscht* worden sei. Zwar schildert er diesen Vorgang als einen seiner eigenen Lebensgeschichte, als Resultat des Übergangs *aus konservativer Schulung* (v. a. bei Arnold Mendelssohn) *in eine neue Freiheit* (wie er sie in den 1920er Jahren auslebte).

Aber er läßt keinen Zweifel, daß der *erlauschten* Ordnung der Töne eine normative Funktion zukomme.

Das konnte er umso eher ohne eigene Überheblichkeit tun, als er in der Zwischenzeit in der Beschaffung weiterer Literatur selber bis zu Pythagoras und seinen Auslegern vorgedrungen war. In seinem eigenen Stimmungssystem verhält sich Hindemith (in der Schreibweise von Kayser) *pythagorisch*, indem er die reinen Intervalle vor jeder Temperatur ideell bevorzugt. Im Kapitel *Frühere Tonleiterversuche* geht er nur auf Gestalt und Probleme der *pythagoräischen* Stimmung ein und dann gleich zu seinem *Neuen Vorschlag* über. *Denken wir uns wie in einem Märchen zurück in die Zeit der Erschaffung tönenden Baumaterials* – das ist im wesentlichen das *Märchen* von Kaysers *Klang-Zahl*. Heute, da tonales Komponieren (und zum Teil wesentlich einfacheres als das von Hindemith) nicht nur in Fachkreisen wieder zulässig ist, sondern auch als ein Zeichen der »Postmoderne« gilt, liest man eine berühmte Stelle in Adornos Aufsatz *Das Altern der Neuen Musik* von 1954 wieder anders. Es handelt es sich um die Verdammung von *solchen Fällen wie Strawinsky und Hindemith*, die beide (für den späten, dodekaphonen Strawinsky stimmt es so nicht) *dem abgeschworen haben, was ihre Jugend erfüllte und was an ihnen einmal faszinierte.* Es kommen dann die Worte von den *restaurativen Bestrebungen*, denen übrigens auch Bartók anheimgefallen sei, und das präzise Bild vom *Trugbild einer musica perennis*, der diese Künstler folgten. Man muß Adorno teilweise recht geben: Die dreißiger Jahre prägten bei allen diesen Komponisten, auf formalem Gebiet sogar bei Schönberg, eine Hoffnung aus, daß sich durch diszipliniierte Befolgung von in Verbindung mit der großen europäischen Vergangenheit stehenden Ordnungsprinzipien eine neue Klassizität (dies Busonis vorausschauendes Wort) erreichen lasse. Indessen haben sich sowohl diese Hoffnung wie Adornos Voraussetzung einer universalen Bewegung Europas auf die »Atonalität« zu als Chimäre erwiesen. Die ausgetragene Kunstgeschichte ist allemal reicher, als sie ihre Protagonisten voraussehen.

Indirekte Kayser-Einflüsse

Für die Abwägung weiterer Einflüsse wird man sich die zeitlichen Abläufe vor Augen halten müssen. Im gleichen Jahr 1926, in dem Hindemith Kontakt mit Heinrich Schenker aufnahm, erschien Kaysers *Orpheus*. 1927 und 1928 waren die Jahre, in denen Hindemith seine erste Lehrhaltung für Berlin zu entwickeln hatte – auf diese Nötigung nimmt ja die *Unterweisung* deutlichen Bezug. Der Zeitpunkt der ungefragten Übersendung des *Orpheus*-Bandes im Oktober 1928 war also ein überaus günstiger. Der unglückliche persönliche Verlauf von Briefwechsel und einzigem Treffen zwischen Kayser und Hindemith am 5. Februar 1935 in Olten – es soll hier nur kurz summiert werden – verdeckt allzu leicht den Umstand, daß sich Hindemith bald weitere Literatur anschaffte. In ihr ist Kayser nur noch indirekt vertreten, aber als Anreger unzweifelhaft präsent.

Das wichtigste Buch wird im Briefwechsel erwähnt, *Die harmonikale Symbolik des Alterthums*, Köln 1868, von Albert Freiherr von Thimus – jene schriftliche Quelle für Hans Kayser, die sein Buch gleich eingangs heranzieht. Im zweiten Buchteil des in Hindemiths Privatbibliothek in Blonay befindlichen Exemplars sind Stellen mit Bleistift angemerkt. Aber sie beziehen sich so oft auf griechische oder hebräische Zitate, also auf Sprachen, die Hindemith nicht lesen konnte, daß sie wohl vom Vorbesitzer des Buches stammen, das der Komponist 1934 oder 1935 erworben haben muß. Am 29. Januar 1935 teilte Gertrud Hans Kayser mit: *Endlich hat er sich auch den Thimus beschaffen können*. Das war nur wenige Tage vor dem Treffen in Olten, sodaß Kayser beim Komponisten mehr Ignoranz als Kenntnis feststellen konnte. Aus dem Brief Kaysers an seinen Mitarbeiter Gustav Fueter vom 9. Februar 1935, der seiner eigenen Enttäuschung über das persönliche Treffen Ausdruck gibt, geht hervor, daß Hindemith damals auch Kaysers Buch *Der hörende Mensch* in der Hand hatte, das sich heute nicht in Hindemiths Bibliothek befindet. Jene *Thimus-Tafeln*, die Kayser im Brief vom 24. Februar 1935 an Hindemith nennt, sind vom Komponisten in das Buch gelegt worden und liegen heute noch dort. Es handelt sich um Abbildungen von Teiltonkoordinaten, wie Kayser das durch Thimus wiederentdeckte *Lambdoma* (des Thimus' erstes Kapitel) anspricht. Dem in jenem Zeitpunkt berechtigten Eindruck Kaysers (Brief vom 9. Februar 1935), daß Hindemith *ein ganz unmetaphysischer Mensch* sei, widerspricht Hindemiths damals manifestes Interesse an einem »Thimus-Institut« – eine Initiative, die bald versandete. Vor allem aber geht aus dem Bestand von Hindemiths Privatbibliothek hervor, daß ihn das Problem »Maß und Seele« nicht mehr los ließ. »Metaphysis« allerdings blieb für ihn nicht zwischen den Seiten von Büchern, sondern in klingender Musik faßbar.

Welches sind die weitern Bücher, die sich Hindemith in jener Zeit anschaffte? Das allgemeinste war der 1932 in Halle an der Saale im Verlag von Max Niemeyer erschienene Band von Gerhard Pietzsch: *Die Musik im Erziehungs- und Bildungsideal des ausgehenden Altertums und frühen Mittelalters*. Aus der gleichen Zeit stammt ein Sonderabzug eines Artikels von Hermann Abert: *Die Stellung der Musik in der antiken Kultur*. Sicher damals hat Hindemith auch von Carl Stumpf den 1897 in Berlin erschienenen Band *Die Pseudo-aristotelischen Probleme* (Verlag der Königlichen Akademie der Wissenschaften) erworben. Eng damit in Zusammenhang stehen fünf Spezialschriften über griechische Musiktheoretiker und Philosophen, ein bereits 1885 in Wien erschienener *kritischer Beitrag* mit dem Titel *Zu Philodems Büchern von der Musik* von Th. Gomperz, drei in Göteborg auf deutsch 1930, 1932 und 1934 erschienene Schriften über Klaudios Ptolemaios und Porphyrios, sowie die englische Übersetzung von zwei Schriften des römischen Philosophen Sextus Empiricus, 1936 in der Harvard University Press erschienen. Alle diese Autoren oder Schriften werden von Thimus genannt; die amerikanische Ausgabe des Sextus Empiricus konnte mit Sicherheit nicht mehr für die *Unterweisung im Tonsatz* nutzbar gemacht werden, aber für die Harvard-Vorlesungen Hindemiths von 1949 und 1950, die 1953 im gleichen Verlag unter dem Titel *A Composer's*

World. Horizons and Limitations erschienen, war sie zurhand. Sextus Empiricus wird dort im 1. Kapitel kritisiert, weil er als Skeptiker der Musik keine ethischen Einflüsse zugestehen wollte.

Nicht auszumachen ist, wann sich der Komponist die 1902 in der Oxford Clarendon Press erschienene englische Ausgabe *The Harmonics of Aristoxenos* besorgte, aber das Buch gehört eindeutig in den gleichen Problemkreis. Einige französische Ausgaben lassen vermuten, daß die Gattin des Komponisten, die als Romanistin ausgebildete Gertrud Hindemith, eifrig mitarbeitete. So sind in Hindemiths Privatbibliothek die zwei Bände *Histoire et Theorie de la Musique de l'Antiquité* (Gand 1875) von François-Auguste Gevaert und Kopien aus der 1881 in Paris erschienenen Sammlung *Auteurs Grecs relatifs à la musique* erhalten. An Zahl werden diese der Musik und musikalischen Akustik der Antike zugewandten Schriften weit übertroffen von den Schriften zur Musik und Musiktheorie christlicher Autoren.

In den Jahren, da Hindemith nach seiner Emigration an der Yale University in New Haven, USA, unterrichtete, bevor er zwischen 1951 und 1957 an der Zürcher Universität wirkte, war aus dem betont unbekümmert sich gebenden Komponisten einesteils ein sehr bewußter Tonsetzer und anderntteils ein Wissenschafter geworden. Hindemiths Einwände gegen Sextus Empiricus zeigen eine andere entscheidende Veränderung an: Er glaubte nun an den Kompositionsakt als eine läuternde Tätigkeit und damit an die sich im Einklang mit Naturgegebenheiten befindliche Musik als eine Trägerin geläuterter Botschaften. Bei den Griechen sowohl wie bei Christen war er auf einen wiederkehrenden Glauben an der Musik eingewobene ethische Kräfte gestoßen. Vor diesem Hintergrund machte er sich, neben Neukompositionen, an Zweitfassungen erfolgreicher früher Werke – Fassungen, die heute fast allgemein als geglätteter und damit schwächer erfahren werden. Die Zeitgeschichte kann aus dieser Konstellation nicht ausgeschlossen werden: Nach dem Geschehen des Zweiten Weltkriegs glaubte Hindemith an die Notwendigkeit, mit tonal zugänglicher Musik Friedensprozesse

fördern zu können und zu müssen. Adorno umgekehrt bekannte sich
zur emanzipatorisch aufklärenden Wirkung von Atonalität und witterte
in tonalen Neigungen von Komponisten eine unterschwellige Allianz
mit *restaurativen* Tendenzen der Diktaturen.

Faszination durch Kepler
Jene Annäherung von *Maß, Musik und Weltall*, welche bereits die Einleitung zur *Unterweisung* nennt, sah Hindemith im Denken von Johannes Kepler am besten vorgebildet. Da er bereits in den zwanziger Jahren Harburgers Anthologie *Johannes Keplers Kosmische Harmonie* kennenlernte, dürfte Kepler schon früh zur Identifikationsfigur geworden sein, jedenfalls nicht viel später als der Maler Grünewald für die Oper *Mathis der Maler*. Im Laufe der vierziger und fünfziger Jahre besorgte sich der Komponist zahlreiche Bücher über den Astronomen und Astrologen Kepler, die politischen und sozialen Umstände seiner Zeit, sowie von Hans Kayser zwei weitere Bücher: *Akroasis. Die Lehre von der Harmonik der Welt*, 1948 bei Benno Schwabe in Basel erschienen (wohl bald nach dem Erscheinen gekauft) und die Anthologie *Bevor die Engel sangen* (1953 im gleichen Verlag).
Die Kepler-Oper *Harmonie der Welt* ist nicht jene oppositionslose Bestätigung der harmonikalen Weltordnung, die ihr Titel vermuten läßt, sondern eine von Zweifeln durchfurchte, teils mißglückte Probe aufs Exempel. Unter allen Verbalsätzen Keplers, die Hindemith in seinen Büchern über den Astronomen und Astrologen finden konnte, entspricht einer aus dem vierten Buch von *Harmonices mundi* besonders des Komponisten doppelter, sowohl die Realität des Diesseits wie die Hoffnung auf eine bessere, der *Gesamtheit* geneigtere Zukunft einbeziehender Ansicht. *Denn was für den Ochsen der Stachel, für das Pferd der Sporn, für den Soldaten Pauken und Trompete, für die Zuhörer die anfeuernde Rede, für das Landvolk der Klang von Flöte, Dudelsack und Fiedel – das ist für alle Menschen, besonders aber für die zu einer Gesamtheit vereinigten, die himmlische Configuration der ent-*

sprechenden Planeten. Durch sie werden die Einzelnen zu ihren Erwägungen und Beschäftigungen aufgemuntert, und die Gesamtheit wird geneigter zu Übereinkommen und feierlichen Abmachungen.[3]
Für die zwischen 1608 und 1630 spielende Handlung der Kepler-Oper, in der Kaiser Rudolph II. ebenso wie die der Zauberei angeklagte Mutter Keplers, der Heerführer Wallenstein (für den Kepler zwei Horoskope erstellte) ebenso wie ein eifernder Pfarrer, drei Mörder, Volk und Soldaten, aber auch Keplers zweite Frau Susanna und sein Töchterchen aus erster Ehe auftreten, gilt eine ähnliche Überlagerung von konkreten Motiven mit Aberglauben, Gewalttat, Kollektivwünschen und Illusionen. Ein Titel wie »Die Disharmonie der Welt« würde dem Handlungsverlauf ebenso entsprechen wie die Keplers Hauptwerk entnommene Überschrift, und unlösbare Spannungen werden dem Werkplan mindestens so gerecht wie jener Opernschluß, der die Figuren in eine *kosmische Harmonie* einbeziehen will. Dieser Schluß, auch in der von Gertrud autorisierten gekürzten Fassung eine szenische Tour de force, fließt ziemlich genau aus dem Inhalt des vierten Buches von Keplers Hauptwerk, wie schon Harburger ihn übersetzte: *Metaphysisches, psychologisches und astrologisches Buch, handelt von der geistigen Wesenheit der Harmonien und deren Erscheinungsweisen in dieser Welt, vornehmlich von den Harmonien der Strahlen der Himmelskörper, wie sie auf die Erde herabscheinen, und von deren Wirkungen in der Natur, beziehungsweise in der Seele der Welt unter dem Monde und in der menschlichen Seele.*
Der Komponist läßt im dritten Aufzug, von Kepler angeregt, *Stimmen vom Mond* einfallen, aus einer Welt *ohne Milde*, glaskalt und *gnadenlos*, für die Hindemith Vorbilder in seiner eigenen Gegenwart gefunden haben muß. Die *Seele der Welt unter dem Monde* wird bei Hindemith zum Symbol der modernen Entfremdung, der unüberwindbaren Di-

---

[3] *Die Astrologie des Johannes Kepler. Eine Auswahl aus seinen Schriften*, eingeleitet und herausgegeben von Heinz Artur Strauss und Sigrid Strauss-Kloebe, München 1926.

stanz zum als unversehrt imaginierten Ursprung des Menschengeschlechts. Merkwürdigerweise beginnen schon Kaysers *Harmonikale Blätter* von 1934 und 1935, ob die Texte von ihm selber oder von Gleichgesinnten stammen, von einem Dämon zu sprechen, dessen *Zerrüttungsmoment* mit keiner Weisheit aufzuheben ist; Kaysers Emigration und die Jahreszahlen zeigen deutlich, welcher politische Dämon da gemeint ist. *Die Harmonik setzt,* so steht im Heft IV, *seit alters her dieses Dämonische als einen dem Grundplan der Welt fremden, sie jedoch auf tiefste durchdringenden Zerrüttungsfaktor an die Weltgleichung an.* Und etwas weiter: *Es zeigt sich dabei, daß das Zerrüttungsmoment, das Dämonische, wohl den innersten Weltlinien fremd ist, diese aber so durchwirkt, daß man schlechterdings nur von einer de facto gestörten Welt sprechen kann.*
Wie hat wohl Hindemith, damals noch gelegentlich in Deutschland konzertierend, solche Texte, die sich in seinem Nachlaß fanden, gelesen? Keplers Auftraggeber, Kaiser Rudolf II., bricht im ersten Aufzug der Oper in Hindemiths Worten in eine Klage über die *zerstörte, geborstene, zerfallene, zerrüttete* Welt ein, die so beginnt: *Verworfen, gemein und übel, würdelos; beleidigend die Gutgewillten; ein Wimmeln ohne Zweck und Ende, gleißenden Unrats voll ein Kübel, von einem Irren ausgeschüttet* [...]. Die Klage über den »Irrsinn« ist eine, die in diesem Jahrhundert oft erklungen ist. Daß Kunst nicht nur irrationale, sondern auch dämonische Kräfte ausdrücken können muß, die in der Tagesrealität drohen, weiß man nicht zuletzt aus dem Widerstand, den alle Diktaturen diesem Ausdruck entgegensetzen. Das richtige Maß für den Ausdruck der individuellen Seele in seiner eigenen Zeit zu finden, hat Hindemith seit den dreißiger Jahren ebenso versucht wie seine entschlossen atonal komponierenden Zeitgenossen. Sein Verstecken hinter historischen Figuren mag uns heute unnötig erscheinen; es kann doch nicht jene Aktualität des Problems verdecken, die bis heute anhält.

Andreas Traub

Eine Perotin-Bearbeitung Hindemiths

Hindemith hat mit dem Collegium Musicum der Yale University viel älter Musik eingeübt und aufgeführt; die chronologische Liste der Kompositionen beginnt mit Perotins Organa *Sederunt principes* und *Alleluja Nativitas gloriose* und endet mit Johann Sebastian Bachs Motette *Singet dem Herrn ein neues Lied* (BWV 225)[1]. Mit Perotins *Sederunt principes* hat sich Hindemith dabei in einer Weise auseinandergesetzt, die zu einer Bearbeitung führte, indem er formale Konturen im ersten Teil des Organums hervorhob, im zweiten selber abgrenzte, so daß ein neues, in sich geschlossenes Ganzes entstand.
Erhalten sind vor allem vier teilweise stark verblaßte Kopien einer Chorpartitur mit der Platten-Nummer: Universal-Edition Nr. 8211, die zu Rudolf von Fickers 1930 erschienener Bearbeitung des *Sederunt principes* gehört[2]. Zeigen die erste, unvollständig erhaltene (S. 1–17) und die zweite Partitur nur im ersten Teil des Stückes die Eintragung von Buchstaben – dabei geht Hindemith mit einem B bei Takt 38 und der Bezeichnung *Coda* bei Takt 137 über Ficker hinaus und setzt zudem die Buchstaben nicht zum Abschluß, sondern zum Beginn musikalischer Zusammenhänge (so D zu Takt 78 und E zu Takt 113 gegenüber C zu Takt 77 und D zu Takt 112 bei Ficker) – und die Markierung einzelner

---

[1] Howard Boatwright, *Hindemith's Performance of Old Music*, in: Hindemith-Jahrbuch 1973/III, S. 39–62.
[2] *Musik der Gotik – Perotins Organum quadruplum »Sederunt principes«*, bearbeitet von Rudolf von Ficker, Wien 1930. Dazu: Wolfgang Gratzer, *Bearbeitung der Bearbeitung der Bearbei… – zu Rudolf von Fickers editorischen Bemühungen um einen »Epochentermin der Musikgeschichte«*, in: *De Editione Musices – Festschrift Gerhard Croll zum 65. Geburtstag*, Laaber 1992, S. 27–50. Das Material zu Hindemiths Bearbeitung befindet sich heute im Paul-Hindemith-Institut in Frankfurt am Main; Giselher Schubert sei für alle Hilfsbereitschaft herzlich gedankt.

Motive (so Hindemith) und Klänge, so stehen die dritte und vierte Partitur im Zusammenhang mit Aufführungen und sind entsprechend eingerichtet. Dabei hat die vierte, hier vollständig wiedergegebene Partitur als Zeuge der gültigen Bearbeitung zu gelten.
Zuerst fand das *Sederunt* nachweisbare Verwendung im Rahmen einer Aufführung des Theophilusspiels von Rutebeuf (vor 1248 – um 1285) in der Bearbeitung von Gustave Cohen am 2. und 3. Mai 1942[3]. (Dabei stimmt die Kombination von Pariser Kathedralkunst mit dem Geistlichen Spiel des seinerzeit hochberühmten Spielmanns, Dichters und Satirikers genauso nachdenklich wie die Anspielung auf sie in Umberto Ecos *Il nome della rosa*.) In dem erhaltenen Typoskript des Spieltextes sind von unbekannter Hand eingetragen: Zu Beginn *Introduction Chorus (5–6 minuts)*, vor Szene XII *II – devil's dance (3–4 minutes), III – repentance Chorus (4–5 minuts)*, nach Szene XVII *IV – Allelulia* [sic] *chorus (2–3 minuts)* und am Schluß *final chorus*; zu letzterem notierte Hindemith: *Von Anfang bis p. 3*. Dem entsprechen sowohl Hindemiths Eintragungen mit Bleistift auf dem Deckblatt der dritten Partitur: *I p. 1–8 II Tanz III p. 8–11 IV p. 11–13* wie seine Einzeichnungen in die Partitur selber, etwa: *Ende I* am Schluß des Choralabschnitts *persecuti sunt me*. Welche Musik zum Teufelstanz gespielt wurde, ist leider nirgends angegeben.

---

[3] Auf dem Programm heißt es: *Transposition de Gustave Cohen, Représenté pour la première fois à la Sorbonne le 7 mai 1933*. Über Rutebeuf heißt es bei Henry Pirenne, Gustave Cohen und Henri Focillon, *Histoire du Moyen Age* Bd. VIII, Paris 1933, S. 302: *Il n'y a pas moins de foi, d'emotion et de puissance rhythmique dans son Miracle de Théophile, commandé sans doute par une confrérie parisienne, par lequel il inaugure dans le Théâtre religieux en français le genre du Miracle de Nôtre Dame*. Mit dem Aufsatz *Rutebeuf, l'ancêtre des poètes maudits*, in: Etudes classiques (21) 1953, S. 3–18, gab Cohen eine nicht unbestrittene Darstellung des mittelalterlichen Dichters, vgl. Friedrich Wolfzettel, *Die mittelalterliche Lyrik Nordfrankreichs*, in: Heinz Bergner (Hg.), *Lyrik des Mittelalters I*, Stuttgart 1983, S. 495. Unter den Mitwirkenden an der Aufführung 1942 wird Roger Shattuck genannt, wohl der Verfasser von *The Banquet Years/Die Belle Epoque*.

Nach und vielleicht aufgrund dieser Aufführung scheint der Plan einer »Neufassung« des *Sederunt* entstanden zu sein, denn in die dritte Partitur hat Hindemith nachträglich und die Einteilung für das Theophilusspiel stellenweise überschneidend mit dickem Grünstift Kürzungen im zweiten Teil des Organums eingetragen, die für seine Bearbeitung grundlegend sind. Die vierte Partitur enthält nicht mehr den ganzen, sondern einen in dieser Weise gekürzten Notentext und ist durch Ausschneiden, Überkleben und handschriftliches Ergänzen einzelner Stellen hergestellt. Einige Seiten sind an den Rändern durch Klebestreifen verstärkt, was den Gebrauchscharakter (Umblättern während des Dirigierens) verdeutlicht. Die Partitur bietet ein farbiges Bild: Die Choraltöne sind blaugrün nachgezeichnet, und ein gelber Pfeil weist mehrfach auf sie hin; die Buchstaben sind rot eingetragen, und dann sind zwei entscheidende Markierungen zu nennen: Violett und im weiteren Verlauf rot grenzt Hindemith Gruppen von zwei oder drei »Takten« ab und grün »Formteile«. Diese formale Konturierung – provokant sei von »Taktgruppenanalyse« gesprochen – ist gleichsam die Begründung der »Neufassung«[4].

Stellt man die Angaben Hindemiths zusammen, so zeichnet sich folgende formale Gliederung des *Sederunt* ab (die Taktzahlen beziehen sich auf die Chorpartitur[5]; die Zahlenreihen geben die Taktgruppen wieder, und rechts werden die den einzelnen Abschnitten des Organums zugrundeliegenden Choraltöne in der Originalfassung und mit mittelalterlichen Tonbuchstaben angegeben):

---

[4] Zur Taktgruppenanalyse vgl. Hans Swarowsky, *Wahrung der Gestalt*, Wien 1979, S. 29–37. Wenn auch die Erwähnung dieses Verfahrens bei einer nach modalrhythmischen *ordines* gegliederten Musik entweder widersinnig oder tautologisch erscheint, legt Hindemiths Partitureinrichtung den Gedanken an sie nahe.

[5] Im Unterschied zum Klavierauszug Fickers hat die Chorpartitur Taktzahlen; diese stimmen jedoch nicht mit denen der Kritischen Edition Fickers überein, da in der Chorpartitur gedehnte Klänge ausgeschrieben sind, so der Anfangsklang über vier Takte. Alle Angaben im folgenden beziehen sich auf die Chorpartitur bzw. den Klavierauszug.

I. Teil (146 Takte[6] und zwei Takte Choral)

Takt 1–15	Einleitung			
	Takt 1–4	⌒		D
	Takt 5–15	Quiet	2 2 2 2 2 1 ⌒	
			Einl. ⌒ ⌒ –	
Takt 16–60	Hauptteil I			
	Takt 16–37	Allegro	2 2 2 2 3 2 2 2 2 3	
			A kurze Motive 4x + Abgesang	
			2x	
	Takt 38–60		2 2 2 2 2 2 2 2 2 3 ⌒ 2 ⌒	
			B lange Linie 3x + Abgesang	
Takt 61–77	Zwischenteil			F
			tempo 3 2 2 2 3 2 3	
			C aufgesplittert (Zwischenteil)	
Takt 78–135	Hauptteil II			a über D
	Takt 78–99		2 2 2 2 2 2 2 2 2 2	
			D Wieder lange Linie (A B A, Abgesang)	
			(var. A)	
	Takt 100–112		3 2 2 2 2 2 ⌒	G
			Überleitung	
	Takt 113–135		2 2 2 2 2 3 2 2 3 3 ⌒	a über D
			E kurze Motive (wie A) Abgesang	
Takt 137–147	Coda Broad		2 2 2 2 1 ⌒[7]	G nach F

---

[6] Die Differenz zur Taktzahl bei Ficker rührt daher, daß Hindemith Takt 136 streicht; so erhält er die abschließende Dreiergruppe vor der *Coda*. In der dritten Partitur ist dieser Takt noch nicht gestrichen und dementsprechend eine Vierergruppe markiert.

[7] Nachträglich überschreibt Hindemith den Schlußtakt mit // 2 / //, bildet also eine abschließende Zweiergruppe.

II. Teil (237 Takte)

Takt 150–289 »Zweiter Satz«
         Takt 150–177   *Einleitung*   2 3 3 2 3 2 3 2 3 2 3 ⌒   F
         (bei Takt 150:) *Feierlich*
         (bei Takt 152:) *Arie, Hinweis auf 390*
         Takt 178–195   *Hauptteil*   2 2 3 2 2 2 3 2
                                 Ruhig Quiet
         (Takt 196–214 gestrichen)
         Takt 215–234   *Überleitung I*   2 3 2 3 2 3 2 3
         (Takt 235–256 gestrichen)
         Takt 257–289   *Überleitung II* 3 3 3 3 3 3 3 3 3 3 3   nach b–a

Takt 290–472 »Dritter Satz«
Takt 290–379 erster Teil
         Takt 290–312 (dabei Takt 296–305 gestrichen) *Allegro*
                            Hauptteil Ia   2 2 2 2 2 3   a, nach b und c über F
         Takt 313–327 (dabei Takt 319–320 gestrichen)
                            Wiederholung Ib 2 2 2 2 2 3   c über F
         (Takt 328–347 gestrichen)
         Takt 348–363   2a 2 2 2 2   2B 2 2 2 2
         Takt 364–379   *Coda 3*   2 2 2 2 2 2 2 2
         (Takt 380–388 gestrichen)

         Takt 389–472 (dabei Takt 419–422 gestrichen) *Finale Allegro*
                                            2 2 2 2 2 2 2 2 2   Discantuspartie I
                                            2 2 2 2 2   Pause
                                            2 2 3 2 2 3   Discantuspartie II
                                            2 2 3 2 2 2 2 1 ⌒
                                            2 2 2 2 2 2 2 2 1 ⌒   a

Die Gliederung läßt sich als Anlage eines dreisätzigen Werkes vestehen. Der erste Satz wird von langsamer Einleitung und *Coda* eingefaßt und gliedert sich in zwei symmetrisch zueinander angelegte Hauptteile (*kurze Motive – lange Linie*), die durch einen Zwischenteil voneinander getrennt werden; zwischen die zwei Glieder des zweiten Hauptteils schiebt sich zudem eine Überleitung. Dies stimmt mit der Folge der Choraltöne überein: Einleitung und erster Hauptteil stehen auf D; der Zwischenteil steht auf dessen Terzton F, und im zweiten Hauptteil liegt der Choralton a über dem von den anderen Stimmen immer wieder angesungenen D. In der Überleitung wird dies von G unterbrochen. In der *Coda* bewegt sich der Choral – und damit der Gesamtklang – über G nach F; so schließt der erste Satz in der Terzregion, vom zugrundeliegenden Choral aus gesehen allerdings auf der Finalis, denn das Graduale *Sederunt principes* steht im fünften Kirchenton.

Der zweite Teil des Organums wird in einen langsamen, durch die Beischrift *Aria* charakterisierten Satz und einen raschen Schlußsatz auseinandergelegt. Der langsame Satz gliedert sich in eine Einleitung, Hauptteil und zwei Überleitungen, deren zweite durchweg in Dreiergruppen artikuliert ist. Er steht auf F, während die abschließende Wendung über b nach a führt. Der Schlußsatz gliedert sich in einen durch eine *Coda*, an deren Beginn mit Bleistift die Vortragsbezeichnung *Broad* nachgetragen wurde, abgeschlossenen *Hauptteil* und das mit 80 Takten alle anderen Teile an Umfang übertreffende *Finale*.

Arbeitet Hindemith im *Hauptteil*, der auf a beginnt und sich dann nach c über F wendet, die mit der Bezifferung *Ia*, *Ib*, *2a*, *2b* und *3* markierte Gliederung in 13 + 13, 8 + 8 und 16 Takte durch Streichungen heraus, so ergibt sich die Gliederung des *Finale* durch die Discantuspartien des Organums. Das Schlußglied steht auf a, in Quintdistanz zum Beginn des Ganzen und eine Terz über der Finalis. Mit 146, 99 und 138 Takten haben die drei Sätze ein ausgewogenes Verhältnis zueinander; dem durch den Rahmen von Einleitung und Coda gegebenen größeren Gewicht des ersten Satzes entspricht die durch die Discantuspartien gesteigerte Bewegungsart im *Finale*.

Die formale Gliederung beruht offenbar auf der Unterscheidung melodischer Charaktere. Im ersten Satz werden *kurze Motive* und *lange Linien* einander gegenübergestellt (vgl. Notenbeispiel 1); in der zweiten Bezeichnung deutet sich eine wesentlich andere Auffassung an als die Fickers, der hier von *Glockenmotiven*[8] spricht.

---

[8] Ficker, *Musik der Gotik*, S. 28. Dazu ist aufschlußreich: Rudolf von Ficker, *Primäre Klangformen*, in: Jahrbuch der Musikbibliothek Peters (36) 1929, S. 21–34, hier S. 26.

Notenbeispiel 1

Von beiden Charakteren hebt sich der breite, in einen »Quartsextklang« getauchte Beginn der *Aria* ab, sowohl in der Einleitung wie im Hauptteil (vgl. Notenbeispiel 2), und diese Melodik erkennt Hindemith, wie die Beischrift *Hinweis auf 390* bei Takt 152 zeigt, zu Beginn des *Finale* in variierter Form wieder (vgl. Notenbeispiel 3).

Notenbeispiel 2

Notenbeispiel 3

Rudolf von Ficker begründet dieselbe Einteilung des *Sederunt* mit dem jeweils verwendeten Tonmaterial, im ersten Teil der Leiter d e f g a b c^1 d^1 und im zweiten Teil den Leitern B c d es f g a b und f g a b c^1 d^1 e^1 f^1, die er als dorisch und ionisch klassifiziert[9]. Das reine Material scheint

---
[9] Ficker, *Musik der Gotik*, S. 29.

ein Erstes, und wie es zum Klingen gebracht wird, schildert Ficker so: *Die Musik der Organa, welche die mächtig erhabene Räumlichkeit der romanischen Dome erfüllte, war daher ein ernst-feierliches Wogen in Klängen, welche sich über die breitgezogenen Töne des liturgischen Melodiegerüstes erhoben.*[10] Der jeweilige Cantus scheint eher Anlaß als Begründung des Organums. So beschreibt Ficker den Verlauf des *Sederunt* folgendermaßen: *Der erste Teil enthält eine großangelegte Exposition, die gewaltige Steigerungen bringt und am Schluß in eine ausgesprochene Stretta [...] mündet. Der folgende (in den Handschriften stets ausgelassene) Choral erläutert nach Art des späteren »Erzählers« oder »testo« die äußere Situation: »(Es saßen) die Fürsten wider mich zu Gericht und verfolgten mich mit feindlichen Worten.« Der folgende Hauptteil des Werkes hält im ersten Abschnitt unverrückt durch 130 Takte hindurch das dreifache F über dem Wort Adiuva fest als musikalisches Symbol der beruhigten Grundhaltung des ganzen Abschnitts. Mit [Takt 290 nach der Chorpartitur] beginnt dann der große Schlußteil, dessen langsam anwachsende Steigerung äußerlich durch die allmähliche Beschleunigung des zeitlichen Ablaufs der Choraltöne gekennzeichnet ist; zugleich auch das sich immer mehr festigende Vertrauen auf Gottes Barmherzigkeit zu symbolischem Ausdruck bringt. »(Hilf) mir o Herr mein Gott! Rette mich um Deiner Barmherzigkeit willen!« Nach Erreichung der letzten Klangstufe verebbt allmählich die Bewegung. Die einfache Schlußphrase des Chorals beschließt das ganze Werk.*[11] Der Choral wird geradezu zu einem äußeren, dem Raumklang gegenübertretenden Moment.

Auch Hindemith schreibt über das Klingen im Kirchenraum, aber mit anderem Akzent: *Wiederum könnten wir von der Vergangenheit lernen – von Perotin zum Beispiel, der um 1200 seine Organa für die damals überwältigend neue Raumkonzeption der gotischen Kathedralen*

---

[10] Zitiert nach Gratzer, *Bearbeitung*, S. 47.
[11] Ficker, *Musik der Gotik*, S. 30.

schrieb. Diese keineswegs primitiven Kompositionen bezogen in ihrer Planung selbst das Echo der riesigen Säulenhallen ein, so daß die widerhallenden Harmonien sich getrost mit den schon neuklingenden mischen konnten ohne den Verlauf zu stören.[12] Das Wort *Verlauf* scheint von zentraler Bedeutung. Hörte Ficker die Entfaltung *primärer Klangformen*, so Hindemith eher mit Friedrich Ludwig *die schönen Melodien der Oberstimmen, die hier in Perotins Schöpfungen über dem die Stützstimme, den »Tenor« bildenden Melodie-Abschnitten der liturgischen Melodie erblühten.*[13] Er hörte sie aber nicht nur, sondern gab ihnen in seiner Disposition des Ganzen formales Profil und Gewicht.

Den unterschiedlichen Anschauungen entspricht der jeweilige Aufführungsapparat. Ficker verwendet einen sechsstimmigen Knaben- und Männerchor sowie 3 Oboen, 3 Fagotte, 2 Trompeten, 2 Tenorposaunen, Glockenspiel oder Celesta, Glockenstäbe g b c¹ und dreifach geteilte Violen; dabei handelt es sich um moderne Instrumente[14]. Hindemiths Vorstellung läßt sich an dem erhaltenen, zu seiner Bearbeitung gehörenden Aufführungsmaterial ablesen.

Es handelt sich um insgesamt zwölf Stimmen: *Solo I* (Quadruplum), *Solo II*, (Triplum), *Solo III* (Duplum), sechs *Chant* (Cantus), von denen eine die nachträgliche, nicht von Hindemith stammende Aufschrift *Organs* trägt, *Viola I*, *Viola II* und *Low Viola* (= Chant). Darüber hinaus findet sich ein Packen vervielfältigter Chant-Stimmen in Oktavformat, deren Verwendungszweck nicht unmittelbar ersichtlich ist. Sollten sie bei einer Aufführung die Einbeziehung des Publikums ermöglichen[15]? In den Stimmen erscheint die Komposition gegenüber Fickers Tieferlegung um einen Ganzton nochmals um einen Halbton

---

[12] Paul Hindemith, *Komponist in seiner Welt*, Zürich 1959, S. 138.
[13] Friedrich Ludwig, *Perotinus magnus*, in: Archiv für Musikwissenschaft (3) 1921, S. 361–370, das Zitat S. 367.
[14] Die Glockenstäbe sind auf g b c¹ gestimmt, da Ficker die ganze Komposition in dem einer Aufführung dienenden Material um eine Stufe nach unten transponiert hat.
[15] Vgl. Giselher Schubert, *Paul Hindemith in Selbstzeugnissen und Dokumenten*, Reinbek 1981, S. 123 und Abb. S. 122.

nach unten transponiert; die Komposition beginnt auf H, und der höchste Ton ist fis¹ (bzw. das vereinzelte g¹ in Takt 396). Die Solostimmen sind im Baßschlüssel notiert, die Violen im C-Schlüssel; Hinweise auf mögliche Oktavverdopplungen finden sich nicht. Die beiden Violastimmen gehen nicht colla parte, sondern wechseln zwischen den Solostimmen[16]. Die Notenwerte sind gegenüber der Partitur verkürzt, und der modale Rhythmus erscheint als Punktierung. In der Partitur hat Hindemith mit Grünstift bei Takt 5 *3. Modus* und bei Takt 16 *1. Modus* notiert; in den Stimmen lauten die Stellen so:

Notenbeispiel 4[17]

Von Emmanuel Winternitz ließ sich Hindemith alte Instrumente besorgen und achtete auf eine Spielweise ohne Vibrato und – möglichst – mit alten Bogen[18].
Rudolf von Ficker führte »sein« *Sederunt principes* am 11. April 1929 in der Wiener Burgkapelle auf, Hindemith das seinige am 14. Mai 1945 an der Yale University: zwei von unterschiedlichem, ja: gegensätzlichem Verständnis und ebensolcher Hörerfahrung geprägte entscheidende Aneignungen mittelalterlicher Musik, und es ist wohl kein Zufall, daß diese Auseinandersetzung mit einer Komposition Perotins erfolgten. Sein Wirken scheint doch – wie auch immer im einzelnen – das *Ereignis Notre Dame* (um einen umstrittenen Titel aufzugreifen) wesentlich ge-

---

[16] Die genaue Auswertung der Stimmen muß einer kritischen Edition vorbehalten bleiben.
[17] Hindemith folgt der auf Friedrich Ludwig zurückgehenden und von Heinrich Besseler in seiner Wiedergabe des Beginns des *Sederunt principes* befolgten Auffassung des dritten rhythmischen Modus (vgl. *Die Musik des Mittelalters und der Renaissance* [= Handbuch der Musikwissenschaft 1], Potsdam 1931, S. 114–115). Rudolf von Ficker begründet seine Übertragung dieses Modus im 3/4-Takt in: *Probleme der modalen Notation*, in: Acta Musicologica XVIII–XIX/1946–47, S. 2–16, vor allem S. 4–5.
[18] So Boatwright, *Hindemith's Performance of Old Music*, S. 41 und 52.

prägt zu haben, und seine Kompositionen scheinen den Zugriff, als Werke aufgeführt zu werden, nicht nur zu erlauben, sondern zu fordern.
Vergleicht man Hindemiths Gliederung des ersten Satzes mit der paläographisch ansetzenden Analyse Rudolf Flotzingers, so fällt die Übereinstimmung ins Auge[19]: Die symmetrische Position der *langen Linien* wird im Schaubild mit eigener Klammer markiert, und Hindemiths *Zwischenteil* und *Überleitung* erscheinen als »Fortspinnung« und »Variation«. Die verschiedene Terminologie ist dabei weniger wichtig als die Feststellung abgestufter Erscheinungsformen der Musik und die Überlegung, daß *die einzelnen Teile nicht irgendwie »nebeneinandergestellt« wurden, sondern nach übergeordneten Prinzipien, und daß die Teile selbst nicht willkürlich oder nur spielerisch (zufällig) hingeworfen, sondern bewußt gestaltet sind.*[20]

Flotzinger weist auf die Bedeutung *augustinischen Gedankengutes* in der Zeit um 1200 hin, das sich in der zahlhaften Ordnung des Organums konkretisiert hat[21]. Unter ganz anderem Aspekt weist Hindemith auf Augustins *De Musica*: *Der Tenor der augustinischen Musikanschauung ist: Musik muß in moralische Stärke verwandelt werden. Wir vernehmen die Klänge und Formen der Musik, aber sie bleiben bedeutungslos, wenn es uns nicht gelingt, sie in unsere geistige Tätigkeit einzubeziehen [...] Alle an der Musik Teilnehmenden – Komponisten, Aufführende, Lehrer und Zuhörer – müssen über ein bloßes Registrieren musikalischer Eindrücke, über die oberflächliche und sentimentale Hingebung an das Klangliche hinauswachsen.*[22] Unter diesem doppelten Hinblick auf Augustin wird Hindemith wohl seine Bearbeitung des *Sederunt principes* angemessen verstanden sehen.

---

[19] Rudolf Flotzinger, *Zu Perotin und seinem »Sederunt«*, in: *Analysen. Festschrift für Hans Heinrich Eggebrecht zum 65. Geburtstag*, Wiesbaden 1984, S. 14–28, hier vor allem S. 19. Die Unterschiede in der Taktzählung sind jeweils mühelos zu klären.
[20] Ebd., S. 20.
[21] Ebd., S. 29.
[22] Hindemith, *Komponist in seiner Welt*, S. 20.

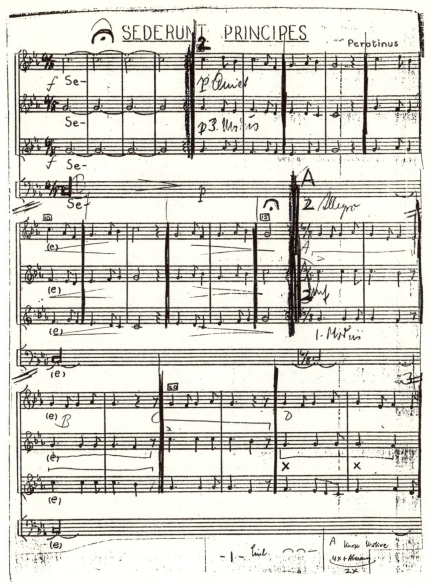

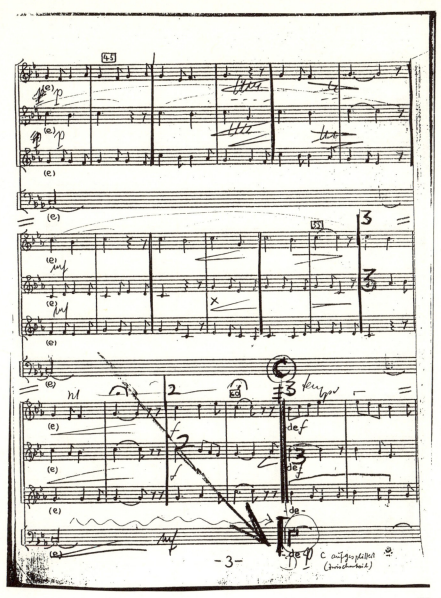

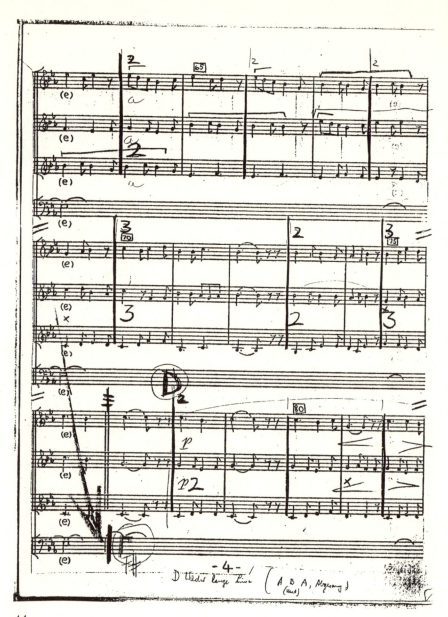

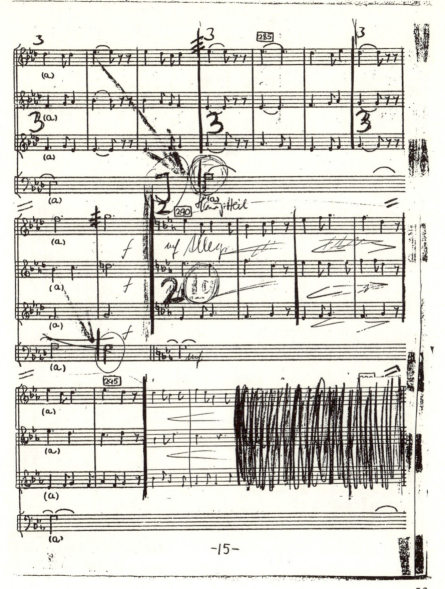

Peter Ackermann

Musikgeschichte und historische Aufführungspraxis
Paul Hindemiths *Versuch einer Rekonstruktion der ersten Aufführung* von Monteverdis *Orfeo*

Nicolaus Harnoncourt, dessen *Concentus Musicus* 1952 in Wien gegründet wurde, erwähnt rückblickend auf die Gründungsphase des Ensembles ein aufführungspraktisches Schlüsselerlebnis, das ihn für seine weitere interpretatorische Tätigkeit entscheidend prägt: *Mir war Monteverdi nur aus der Musikgeschichte bekannt, bis ich bei den Wiener Festwochen 1954 für eine von Paul Hindemith geleitete Aufführung des »Orfeo« meine alten Instrumente samt Musiker[n] zur Verfügung stellte. Diese Aufführung hatte bei mir die Wirkung eines Blitzschlages.*[1] Die Wiener Darbietung des *Orfeo* war die erste öffentliche Aufführung einer Bearbeitung der Oper Monteverdis durch Paul Hindemith, die dieser gut zehn Jahre zuvor bereits unternommen hatte. Hindemiths Intentionen – und dies mag die außerordentliche Wirkung auf einen an historischen Aufführungspraktiken arbeitenden Musiker wie Harnoncourt erklären – zielten weder auf eine aktualisierende Neufassung der Oper in einer exponierten Klanglichkeit, wie sie etwa Carl Orff in seinen verschiedenen Bearbeitungs-Versionen seit den zwanziger Jahren anstrebte[2], noch auf die Realisation eines wie immer auch

---
[1] Zitiert nach einem in der *Frankfurter Allgemeinen Zeitung* vom 17. 10. 1980 wiedergegebenen Gespräch zwischen Nicolaus Harnoncourt und Felix Schmidt.
[2] Vgl. Herbert Schneider, *Carl Orffs Neugestaltung von Monteverdis »Orfeo« und ihre Vorgeschichte*, in: *Claudio Monteverdi. Festschrift Reinhold Hammerstein zum 70. Geburtstag* [...], hrsg. von Ludwig Finscher, Laaber 1986, S. 387–407, sowie allgemein zur Geschichte der *Orfeo*-Bearbeitungen Nigel Fortunes Beitrag in: *Claudio Monteverdi: Orfeo*, ed. by John Whenham, Cambridge [usw.] 1991 (= Cambridge Opera Handbooks).

authentischen Werkes, vielmehr wagte Hindemith den – wie er es in vorsichtig-hypothetischer Formulierung ausdrückte – *Versuch einer Rekonstruktion der ersten Aufführung*[3] jenes Frühwerks der Operngeschichte. In einem Schreiben, das Hindemith offensichtlich an die Lautenisten der späteren römischen Aufführung des Jahres 1963 richtete[4], ist die Rede von seiner Bemühung um eine [...] *nach der Originalpartitur und nach dem Augenschein der möglichen Lokalitäten der damaligen Mantuaner Aufführung* [...] *ihr ähnliche heutige Darstellung* [...]. Im Vordergrund steht also ein musikhistorisches Experiment, der Versuch nämlich, ein klangliches Dokument zu rekonstruieren. Ein solches Unterfangen ist angesichts veränderter Rezeptionsgewohnheiten seit der Zeit der Uraufführung des *Orfeo* zumindest problematisch, wenn nicht gar prekär, und gewinnt allein dadurch an Relevanz, daß Hindemith mit seiner Bearbeitung auf die Einmaligkeit der konkreten Aufführungssituation von 1607 aus historischer Perspektive blickt, keineswegs jedoch eine der Geschichte enthobene ästhetische Unmittelbarkeit wiederherzustellen trachtet.

Die Entstehung der Bearbeitung fällt in die beiden letzten Monate des Jahres 1943[5]; als äußerer Anlaß ist Monteverdis 300. Todestag am 29. November zu vermuten. Die innere Motivation entsprang jedoch Hindemiths Lehrtätigkeit an der Yale University, die er seit 1940 wahrnahm. Im Zusammenhang mit Hindemiths Kursen zur Geschichte der Musiktheorie war der *Orfeo* 1944 universitätsintern mit dem einige Jahre zuvor gegründeten »Collegium Musicum« aufgeführt worden[6].

---

[3] Auf dem Einbanddeckel von Hindemiths *Dirigierpartitur* (Aufbewahrungsort: Paul-Hindemith-Institut, Frankfurt/Main) findet sich der autographe Eintrag *Monteverdi / Orfeo / Versuch einer Rekonstruktion der ersten Aufführung / Dirigierpartitur / P. H.*

[4] Das Schreiben ist undatiert und enthält keinen Adressaten. In Hindemiths *Orfeo*-Aufführungsmaterial (Paul-Hindemith-Institut, Frankfurt/Main) befindet es sich in einer Mappe, die beschriftet ist: *Orfeo / Rom / Letzte / Zettelchen*.

[5] Andres Briner, *Paul Hindemith*, Zürich und Mainz 1971, S. 160. Das Ende der Arbeit ist auf der letzten Seite der Dirigierpartitur mit Dezember 1943 angegeben.

[6] Briner, *Paul Hindemith*, S. 161f.

Die Konzerte des »Collegium Musicum«, die von 1945 bis 1953 regelmäßig unter Hindemiths Leitung stattfanden, präsentierten ältere Musik unter didaktischen Prämissen, wie sie sich gerade in jenen der *Orfeo*-Partitur Hindemiths eigenen musikhistorisch-lehrhaften Momenten exemplarisch widerspiegeln[7].

In die größere Öffentlichkeit gelangte der *Orfeo* erst nach Hindemiths Abschied von Yale mit den – eingangs erwähnten – Wiener Aufführungen vom 3. und 4. Juni 1954. Sechs Jahre später wurde das Werk dann für eine szenische Aufführung (8. Mai 1960) in der Frankfurter Oper, mit maßgeblicher Beteiligung von Studenten und Dozenten der dortigen Musikhochschule, neu einstudiert[8]. Hildegard Weber betonte in einer Rezension für die *Frankfurter Allgemeine Zeitung*[9] die Nähe der Hindemithschen Partitur zur Vorlage Monteverdis. Der ursprünglich didaktische Charakter, das Hinblenden auf ein Stück Musikgeschichte mit der Absicht einer klanglichen Rekonstruktion aus historischer Distanz, ist jedoch einer Interpretation gewichen, die aus der Partitur mehr den Zugriff des Komponisten Hindemith heraushört als die intendierte Objektivität des wiederhergestellten Klangs. *Hier freilich, in dem zarten, schwerelosen, hochdifferenzierten Klang der Violen und Lauten, der Cembali, der alten Holz- und Blechinstrumente und des Regals, meint man die schöpferische Hand des Musikers Hindemith zu spüren.*[10] Die Wahrung historischer Objektivität aus didaktischen Motiven, dem studentisch-universitären Aufführungsambiente noch tendenziell erreichbar, geht auf der Bühne des modernen Musiktheaters verloren und enthüllt, gegen die ursprünglichen Absichten des Bearbei-

---

[7] Vgl. hierzu Howard Boatwright, *Hindemith's Performances of Old Music*, in: Hindemith-Jahrbuch 1973/III, S. 39–62; insbes. S. 51f.
[8] In einem Brief vom 12. 5. 1960 an Philipp Mohler, den Rektor der Hochschule, bedankte sich Hindemith bei den Mitwirkenden für die erfolgreiche Aufführung. Der Brief ist abgedruckt bei Briner, *Paul Hindemith*, S. 283f.
[9] *Frankfurter Allgemeine Zeitung* vom 10. 5. 1960.
[10] Ebd.

ters, die klangliche Vorstellungswelt des 20. Jahrhunderts als eine vom rekonstruierten Original kaum zu trennende Schicht.

Dieser Prozeß der Ablösung vom einst dokumentarisch gemeinten Konstrukt zum ästhetisch Autonomen scheint auch Hindemith selbst bewußt geworden zu sein. Andres Briner berichtet, daß Hindemith die späten Aufführungen der *Orfeo*-Bearbeitung, die er am 24. und 25. Oktober 1963 in Rom leitete[11], nicht nur als seine besten betrachtete, sondern daß er sie [...] *mit der für ihn charakteristischen Verbindung von schöpferischem und nachschöpferischem Interesse als einen Höhepunkt seiner künstlerischen Laufbahn* [...] *empfand*[12]. Aus dem *Versuch einer Rekonstruktion* ist damit das autonome Weitergestalten an einem ästhetischen Objekt geworden. Es ist gewiß kein Zufall, daß Hindemiths Wandel in der Betrachtungsweise seines Werks, der veränderte Blick auf seinen *Orfeo* als eines in der ursprünglichen Konzeption rekonstruierten musikhistorischen Moments, in eine Zeit fällt, in der über den Sinn historischer Aufführungspraxis und ihr Verhältnis zur musikgeschichtlichen Forschung kritisch nachgedacht wird, eine musikologische Reflexion, die zusammenfassend etwa in Harald Heckmanns Aufsatz *Zum Verhältnis von Musikforschung und Aufführungspraxis alter Musik*[13] aus dem Jahr 1957 zum Ausdruck kommt, der im Kern für die produktive Spannung von klanglichem Dokument und ästhetisch gültiger, die eigene Gegenwart einbeziehender Realisation eintritt und sich insbesondere gegen den Schein einer vermeintlichen Unmittelbarkeit und Objektivität im Erleben des historisch entrückten Klangs wendet.

Das – durchweg autographe – Aufführungsmaterial[14], das Hindemith hinterlassen hat, spiegelt den ambivalenten Charakter der *Orfeo*-Bear-

---

[11] Laut Hindemiths autographem Verzeichnis seiner Aufführungen eigener und fremder Werke (Aufbewahrungsort: Paul-Hindemith-Institut, Frankfurt/Main) wurde der *Orfeo* außerdem noch am 27. 10. 1963 in Perugia gegeben.
[12] Briner, *Paul Hindemith*, S. 162.
[13] In: Die Musikforschung (10) 1957, S. 98–107.
[14] Es befindet sich im Paul-Hindemith-Institut, Frankfurt/Main.

beitung wider. Es existiert neben einer von Hindemith als *Dirigierpartitur* bezeichneten Fassung des Notentextes, der auf den ersten Blick gewichtigsten Quelle, die fotomechanisch vervielfältigte Ausgabe eines *Piano score*. Da aber auch die *Dirigierpartitur* in Wirklichkeit ein Particell darstellt, sind beide Fassungen des Bearbeitungs-Textes als identisch anzusehen. Den Charakter einer *Dirigierpartitur* erhält das so benannte Particell allein durch nachträglich hinzugefügte aufführungspraktische Eintragungen, insbesondere durch Hinweise auf die instrumentale Ausführung des ausgesetzten Generalbasses. Weiterhin sind Orchesterstimmen in einem kompletten Satz sowie verschiedenes fragmentarisches Stimmenmaterial vorhanden; Chorstimmen liegen allein in fotomechanisch reproduzierbaren Mustern vor. Außerdem umfaßt das nachgelassene Material deutschsprachige Libretto-Übersetzungen sowie eine Reihe von Dokumenten, die aufführungsgeschichtlich von Interesse sind. Darunter befindet sich zum Beispiel das bereits erwähnte mutmaßliche Schreiben an die Lautenisten der römischen Aufführung. Hinzu kommen Pläne und Notizen zum Instrumentarium sowie Skizzen und Tabellen, die die Verteilung der Instrumental- und Gesangspartien auf die einzelnen Abschnitte des Werks beinhalten, die aber weniger den Instrumentationsprozeß veranschaulichen, als vielmehr rein pragmatisch einen koordinierenden Überblick – wohl zu Probenzwecken – über den gesamten Apparat vermitteln.

Hindemiths Rekonstruktionsversuch hatte vor allem zwei Aufgaben zu bewältigen: die Herstellung des mehrstimmigen Satzes in den generalbaßbegleiteten Partien und schließlich die orchestrale Einrichtung des gesamten Notentextes auf der Basis des von Monteverdi in den Partiturdrucken von 1609 und 1615 notierten umfangreichen Instrumentariums. Um so schwerer wiegt das Fehlen einer eigentlichen Partitur, die den Hindemithschen Orchestersatz authentisch übermittelte. Aber gerade eine solche ungebrochene Authentizität in Form einer definitiven Partiturgestalt ist es, die Hindemith vermeiden wollte. Betrachtet man das die unterschiedlichen Bearbeitungsstadien widerspiegelnde Stimmenmaterial, die zahlreichen, offensichtlich aufführungsbedingten Veränderungen innerhalb der instrumentalen Partien, dann wird deutlich, daß Hindemith sein *Orfeo*-Projekt als ein »work in progress«, als eine allmähliche, experimentierend sich vortastende Annäherung an die – primär jedenfalls – musikhistorisch inspirierte Aufführungsrekonstruktion verstand. Darin reflektiert sich zugleich die historische Rolle des Komponisten als des vom Continuo aus die Aufführung lenkenden, die klangliche Realisation der rudimentären Partitur immer wieder neu gestaltenden Ensembleleiters, ein Moment von Spontaneität, das für Hindemith Teil einer Authentizität anstrebenden historischen Rekonstruktion musikalischer Interpretation war.

Hindemith gründete seine *Orfeo*-Bearbeitung auf den 1609 in Venedig erschienenen Partitur-Erstdruck in der 1927 von Adolf Sandberger herausgegebenen Faksimileausgabe, von der das nachgelassene Material zwei Exemplare enthält[15]. Äußerlich folgt Hindemith der Quelle, indem er nicht nur Monteverdis Liste der *Stromenti* in der originalen Fassung seiner Ausgabe voranstellt und damit für verbindlich erklärt, sondern indem er gleichfalls konsequent die vom Komponisten vereinzelt in den Notentext gesetzten Instrumentationsangaben übernimmt. Die Tatsache, daß diese mitunter in Widerspruch stehen zu dem in der Liste aufgeführten Instrumentarium, nutzt Hindemith selbst zur Rechtfertigung individueller Freiheiten im Umgang mit den orchestralen Mitteln.

Das von Hindemith vorgesehene Instrumentarium deckt sich also weitgehend mit dem Monteverdischen, weist aber auch einige Unterschiede, genauer: Erweiterungen auf, die als alternative Aufführungsvarianten erscheinen. Was die Holzblasinstrumente betrifft, befinden sich neben zwei C–Sopran-Blockflötenstimmen[16] – entsprechend Monteverdis bei-

---

[15] Erschienen in Augsburg: Filser 1927. Bei den beiden Exemplaren Hindemiths handelt es sich um Photographien (positiv und negativ) der Sandbergerschen Ausgabe.

[16] Auf die Einbanddeckel der beiden Flötenstimmen ist jeweils ein Zettel mit folgender autographen Anmerkung geklebt: *No 9* [2. Akt, Gesang der beiden Hirten *Qui le Napee vezzose* mit anschließendem Chor] *wird auf der zweifüßigen C-Flöte gespielt, der Rest auf der vierfüßigen C.*

den Flautini alla Vigesima seconda – in Hindemiths Aufführungsmaterial je eine Oboen-, Fagott- sowie zwei Englischhornstimmen, Instrumentalpartien, die alles andere als ein historisches, dem frühen 17. Jahrhundert adäquates Klangideal anzeigen. Diese Stimmen weichen jedoch schon in ihrer äußeren Gestaltungsweise von den »regulären« Stimmen ab, insbesondere dadurch, daß Oboe und Fagott nicht – wie das übrige Material – mit Tinte, sondern mit Bleistift geschrieben, nicht eingebunden und obendrein viel flüchtiger notiert sind. Dem äußeren Bild entspricht ihre musikalische Funktion: vergleicht man sie mit dem authentischen, das heißt auf Monteverdis Instrumentarium basierenden Stimmensatz, so wird ihre Rolle als Ersatz-, Verdopplungs- und Ergänzungsstimmen deutlich. Zum Beispiel lassen sich durch die Englischhörner die beiden Cornetti ersetzen und wurden demnach als Alternativen für fehlende Zinken konzipiert. Außerdem stimmt Englischhorn I ab dem Ende des 4. Aktes, wenn die Cornetti endgültig pausieren, mit dem Part der ersten Viola überein und könnte somit den letzten Akt um eine klangfarbliche Nuance bereichern.

Eher extravagante Erweiterungen des Farbspektrums über Monteverdis Angaben hinaus finden sich innerhalb der Blechbläser. In Ergänzung der beiden C–Trompeten ist eine Tromba marina in G, ein Trumscheit also, wiederum in skizzenhafter Bleistiftnotierung, dem Stimmenmaterial beigefügt. Und die Trompeten selbst sollten, wohl einer Probenidee Hindemiths entspringend (worauf die Bleistifteinträge von fremder Hand in den Stimmen weisen) durchweg gedämpft gespielt werden[17].

Schließlich hat Hindemith noch eine Paukenstimme ausgeschrieben, die zumindest – einer Eintragung des Spielers zufolge – in der Frankfurter Aufführung verwendet wurde. Der Einsatz der Pauke bleibt allerdings auf wenige Momente beschränkt: auf die Toccata, den Beginn und das Ende der beiden Unterweltakte (3. und 4. Akt) sowie auf den Schlußchor der Oper mit anschließender Moresca.

---

[17] Ausgenommen Nr. 23 der Hindemithschen Ausgabe (Sinfonia und Schlußchor des 4. Aktes).

Die Streichergruppe umfaßt drei Violen, wobei die Spieler der beiden ersten auch im Wechsel die Violini piccoli alla francese übernehmen, Instrumente, die Hindemith in einer Notiz als Kurzhalsgeigen mit weit ausgeschnittenem Steg charakterisiert[18]. Die Baßregion füllen zwei Gamben, die zweite zugleich in Continuofunktion, sowie ein Kontrabaß aus. Während Monteverdi eine etwas umfangreichere Streicherbesetzung vorsieht, entsprechen die übrigen Saiten- und die Tasteninstrumente in Hindemiths Orchester weitgehend den originalen Vorgaben: eine Doppelharfe, zwei Chitarroni, zwei Cembali, ein Organo di legno, eine im 5. Akt verwendete Echo-Orgel und ein Regal.

Die starke Präsenz der Akkordinstrumente und die deutliche Gewichtung der Baßregion lenkt den Blick auf die Frage nach der Gestaltung des Continuo. Hindemith hat sich in seinem – wiederholt erwähnten – Schreiben an die Lautenisten der römischen *Orfeo*-Aufführung[19] mit jenem Problem näher auseinandergesetzt: *Die »alte Generalbaßmanier« tritt m. E. erst reichlich später als der »Orfeo« auf. Die im 1. Jahrzehnt des 17. Jhdts noch neue monodische Satzweise (in den paar vor-Monteverdischen Opern noch ganz auf primitivsten Akkord-Continuo gestellt) wird von M. zum erstenmal lebendiger gestaltet. Wie das gemacht wurde, geht aus dem Original deutlich hervor: Solosänger und 1. Cembalist (in diesem Falle also Monteverdi selber), hie und da auch Orgel oder Regal (dann aber ohne Cembalo!) haben alle Freiheiten in ariosen Stücken, keinesfalls in Chören und völlig auskomponierten Soli. Die Mitcontinuierenden Instrumente spielen (wie ja überhaupt das ganze Orchester) aus der groß-gedruckten Partitur – Stimmen gab es offenbar nicht – und tun das nur auf Anweisung des Cembalisten; die Baßstimme bleibt dann auch für Gamben etc. bis auf einige vorher vereinbarte Artikulationsmanieren unverändert. Für sie kommen also keinerlei freie*

---

[18] Auf einem Zettel, der vorn auf den Einbanddeckel der ersten Viola-Stimme geklebt wurde.
[19] Siehe Anmerkung 4.

Einfügungen in Frage, es sei denn, der Cembalist übertrüge ihnen etwas von seinen Aufgaben – diese Möglichkeit ist sowohl in meinen Lautenstimmen wie in der Harfenstimme vorgesehen.

Die Unterscheidung in Fundament- und Ornamentinstrumente, wie sie Hindemith aus den Darstellungen bei Agazzari und Praetorius bekannt gewesen sein dürfte[20], wird von ihm in einer sehr differenzierten Weise diskutiert und – wie zu zeigen sein wird – in seiner *Orfeo*-Bearbeitung auch durchgeführt. Gerade die Verwendung von Laute und Harfe als bisweilen freier behandelte, zwischen Fundament- und Ornamentfunktion vermittelnde Continuoinstrumente spielt in Hindemiths aufführungspraktischer Realisation von Monteverdis Partitur eine wichtige Rolle. Und auch die geforderte gestalterische Freiheit in ariosen Stücken, gegenüber einer strengeren Zurückhaltung in Chören und auskomponierten Soli, findet sich als strukturelles Merkmal seiner Bearbeitung.

Die Partie des Primo Pastore zu Beginn des ersten Aktes (vgl. Notenbeispiel 1) unterteilt Hindemith in zwei *Ariosi*, als Rahmenteile, und in ein *Recitativo*, das die Mitte bildet. Diese Unterscheidung, die ihren Rückhalt in abweichenden Tonfällen, im verschiedenartigen rezitativischen Gestus von Rahmenteilen einerseits und mittlerem Abschnitt andererseits findet, ist zwar eher die Rückprojektion einer Auffassungsweise des 20. Jahrhunderts als eine Intention Monteverdis. Ihre Konsequenz aber für Hindemiths Behandlung des Generalbasses ist signifikant, indem das Recitativo die Freiheit der linearen Ausgestaltung des Continuoparts der Arioso-Abschnitte deutlich zurücknimmt.

---

[20] Michael Praetorius, *Syntagma musicum*, Tomus III, Wolfenbüttel 1619; Praetorius' Einteilung basiert auf den Ausführungen in Agostino Agazzaris *Del sonare sopra'l basso con tutti li stromenti e dell' uso loro nel conserto*, Siena 1607.

Notenbeispiel 1

Ein weiteres Problem bildet der Umgang mit Monteverdis Instrumentationsangaben in den Ausgaben des *Orfeo*, besonders dann, wenn es sich um Tutti-Anweisungen handelt. Auch hier ist Hindemith auf Differenzierung, diesmal der vertikalen Klangereignisse bedacht. In der Toccata bringt er ein durch Verzicht auf Cornetti und hohe Violinen leicht eingeschränktes Tutti.

Notenbeispiel 2

Der Ambitus wird gegenüber dem Partiturbild, als der klanglichen Rohfassung, gedehnt: nach oben durch die oktavierenden Flautini, nach unten durch die tiefe Oktave der Bässe. Ein statischer Quint-Oktav-Klangkomplex von D bis d^3 grundiert den rhythmisierten Oberstimmenverlauf[21]. Betrachtet man die Häufigkeiten, mit denen die einzelnen Bestandteile des akkordischen Gebildes belegt sind, so ergibt sich für den Bereich oberhalb von d^2, der Sphäre der solistischen Oberstimme, die dünnste Stelle. Der stärkste Anteil der Instrumentalstimmen, bei gleichmäßiger Verteilung auf die jeweiligen Töne, betrifft die beiden Oktaven zwischen d und d^2, also den Bereich der solistischen Akkordfigurationen von zweiter und dritter Stimme. Darunter schließlich, im rein statischen Baß-Fundament, verdünnt sich die Klangmasse erneut. Hindemith bemüht sich damit, die noch so bescheidene »kompositorische Idee« des Satzes durch seine Tutti-Instrumentation umzusetzen: die Präsentation eines von unten nach oben zunehmend bewegteren, dynamisierten, im Grunde aber statischen Klangs, in dem vertikal wie horizontal eine bloß scheinbare Bewegung sich vollzieht.

Was aufgrund der statischen Anlage der *Toccata* nur ansatzweise möglich war, die Dynamisierung von begleitenden, die Oberstimmen stützenden Klangkomplexen, gelingt an anderen Stellen, etwa im Ritornell des *Prologs*, besser.

---

[21] Die Instrumente der Begleitschicht sind: Pos. II und III, Vla. I–III, Gambe I und II, Laute I und II, Harfe, Regal, Orgel, Cemb. I und II, Kb.

Notenbeispiel 3

Monteverdis fünfstimmiger Satz wird in der Instrumentierung Hindemiths getragen von den drei Violen und den beiden Gamben. Die Außenstimmen, das heißt die jeweils melodieführende Oberstimme (Viola I und II kreuzen sich an zwei Stellen) sowie der Baß, werden in ihrer Linearität klanglich verstärkt durch Orgel und Kontrabaß. Der begleitende akkordische Klangkomplex setzt sich zusammen aus den beiden Chitarroni, der Harfe und den Cembali. Auffallend ist das Fehlen eines »reinen«, durchweg ungebrochen verlaufenden Continuoinstruments. Einer derart definitiven Continuofunktion am nächsten kommt das erste Cembalo, erreicht sie jedoch nur näherungsweise, verharrt vielmehr in leicht diskontinuierlichem Verlauf, indem es an den synkopisch–dissonanten Stellen des Satzes pausiert, während der erste Chitarrone sie mitvollzieht. Dieser Verteilung der Continuoaufgaben innerhalb der Instrumente des Begleitkomplexes läuft parallel eine permanent wechselnde, fluktuierende Klangdichte der akkordischen Schicht, die nicht nur deren Dynamisierung bewirkt, sondern in ihrer Unruhe dem ausgewogenen polyphonen Gewebe der fünf Melodiestimmen einen strukturellen Kontrapunkt entgegensetzt.

Ein deutlich modifiziertes Bild ergibt sich in Stücken, für die sich Hindemith selbst zurückhaltende Strenge auferlegt hatte. Ein in seinem Sinne »auskomponiertes Solo« ist der Prolog der Oper. Gleich die erste Strophe nach dem einleitenden Ritornell demonstriert jene Zurückhaltung in der Realisierung des Generalbasses, jegliche Diminutionen und Hinzufügungen obligater Stimmen werden vermieden. Der Continuopart wird ungebrochen vom ersten Cembalo durchgehalten, wechselweise unterstützt durch andere Instrumente. Die Verstärkung der Baßlinie durch die zweite Gambe allein oder in Kombination mit dem Kontrabaß sowie die vertikalen Erweiterungen durch den akkordischen Begleitsatz bewirken hier das Bild einer fluktuierenden Klangdichte der Continuo-Begleitung, die zugleich zielgerichtet auf die Veränderungen in den akkordischen Progressionen, den Abweichungen von der zentralen Moll-Klanglichkeit über dem Fundament D, reagiert.

Das Problem einer (von Monteverdi verlangten) Tutti-Instrumentierung erscheint auch im ersten Chorstück der Oper, dem madrigalisch angelegten *Vieni Imeneo*.

Notenbeispiel 4a

Hindemith instrumentiert es wie die *Toccata*, läßt allerdings das Regal weg. Den fünf Chorstimmen ordnet er Violen und Gamben zu, verstärkt Viola I und II oktavierend durch die beiden Flautini, die zweite Gambe durch den Kontrabaß und die Außenstimmen zusätzlich durch die Orgel. Cembalo I dient als Haupt-Continuoinstrument und entspricht in seiner Übernahme des Madrigalsatzes dem Part in Hindemiths Particell. Demgegenüber entwickelt der akkordisch konzipierte Begleitkomplex wieder eine Eigendynamik.

Mit Hilfe dieses Begleitkomplexes relativiert Hindemith die madrigalische Polyphonie. Denn einer eher dezenten Verstärkung der Chorstimmen wird eine massive Klanglichkeit entgegengestellt, die das Madrigal überlagert. Da die Instrumentierung des Begleitkomplexes jedoch »crescendierend« auf die Phrasenschlüsse des Gesangs hin angelegt ist, tritt sie nicht allein klanglich–kolorierend, sondern zugleich auch strukturverdeutlichend auf.

Notenbeispiel 4b

Einen kleinen Schritt weiter in Richtung auf einen freieren Generalbaßsatz geht Hindemith in der Behandlung des Schlußchores des 1. Aktes. Denn die motivische Vorwegnahme der Chorstelle ab T. 7 in den Takten 2, 4 und 5 – im Charakter eher trompetenhaft – bleibt als Generalbaßmanier allein den beiden Cembali vorbehalten, während die übrigen Instrumente an jenen motivischen Relationen keinen Anteil haben.

Notenbeispiel 5

In den von Hindemith so deklarierten *ariosen Stücken* kann der Eingriff in die originale Gestalt mitunter (wenn auch nur für Augenblicke) recht weit gehen.

Notenbeispiel 6

Der kurze Einwurf des Hirten nach dem unheilverkündenden Auftreten der Messaggiera im 2. Akt fällt in Hindemiths Bearbeitung auf durch den – seltenen – Verstoß gegen Monteverdis Instrumentationsangaben. Weder Viola noch Chitarrone (wie dort vorgesehen) verwendet Hindemith, stattdessen setzt er zwei Cembali ein: offensichtlich wegen des Klangkontrastes zu den die Passage einrahmenden, von Orgel und Chitarrone begleiteten Recitativi, wodurch eine musikdramaturgisch sinnfällige Personencharakteristik mit klanglichen Mitteln erreicht wird. Außerdem umgeht Hindemith die harmonischen Konsequenzen aus Monteverdis Baßbezifferung (s. Notenbeispiel 6, 2. System, Angaben in Klammern) zugunsten eines an der Motivik der Singstimme orientierten Cembalosatzes.

Eine noch stärkere Abweichung von den klanglichen Vorgaben Monteverdis findet sich in Orfeos Auftrittsgesang zu Beginn des 3. Aktes.

Notenbeispiel 7

In den Takten 5 und 6 errichtet Hindemith über dem orgelpunktartig aufgefaßten G einen verminderten Septakkord, der, wechseldominantisch verstanden, harmonisch-funktional in die Tonika c-Moll weitergeführt wird. Daß ein modernes Konzept, ein musikdramatisches zumal, dem ganzen Stück zugeschrieben wird, zeigen weitere Stellen. Ab T. 8 (*tranquillo*) läßt Hindemith quasi einen Übergang vom Secco- ins Accompagnato-Rezitativ stattfinden, um über den großen Crescendo-Decrescendo-Bogen des letzten Notensystems in den ariosen Beginn der folgenden Nummer überzuleiten.

Mit solchen, wenn auch behutsamen, Eingriffen in die kompositorische Substanz nähert sich Hindemith jenen aktualisierenden *Orfeo*-Bearbeitungen, wie sie sich am radikalsten in Carl Orffs Konzeption niederschlug[22]. So zeigt sich schließlich, daß Hindemiths Versuch einer aufführungspraktischen Rekonstruktion von Monteverdis frühem Opernwerk ein Licht auf eine vergangene Tradition wirft, in dem sich zuletzt die eigene kompositorische Gegenwart des Bearbeiters selbst bricht und das musikhistorische Dokument zum ästhetischen Gegenstand wird.

---

[22] Siehe hierzu den in Anmerkung 2 genannten Aufsatz von Herbert Schneider.

Wolfgang Rathert

Zu Paul Hindemiths Bearbeitung des 100. Psalms von Max Reger[1]

Paul Hindemiths vielfältige Bearbeitungstätigkeit ist ohne seinen Begriff des musikalischen bzw. kompositorischen Materials als ein unausschöpfbarer und unendlich wandelbarer »Werkstoff« kaum denkbar. Gemäß seinem daraus resultierenden universalistischen Geschichtsverständnis umschloß die Bearbeitung für Hindemith eigene wie fremde Musik gleichermaßen und zeigte immer offenkundiger – vor allem aufgrund des Wandels der ästhetischen Anschauungen Hindemiths seit den 30er Jahren – auch Züge einer Deutung der Musikgeschichte im kompositorischen Vollzug; sie implizierte also stets die Frage nach der Tradition, die sich für den späten Hindemith immer dringlicher stellte.
Die Einrichtung von Max Regers 100. Psalm op. 106 aus dem Jahr 1955 bildet in dem Kontext von Hindemiths Bearbeitungspraxis einen in mehrfacher Hinsicht bemerkenswerten Höhepunkt. Der äußere Beweggrund der Entstehung ist zum einen durch Hindemiths extensive Dirigiertätigkeit in den 50er Jahren gegeben, die durch sein ungewöhnliches Repertoire-Konzept – so in der kompromißlosen Wahl »schwieriger« Werke der klassischen Moderne (darunter auch jener, denen Hindemith nicht oder nicht mehr nahestand) wie in der frappanten Gegenüberstellung von Werken verschiedener Epochen und Besetzungen in einem Programm – beispiellos war und wohl geblieben ist. Die Entscheidung Hindemiths, die Vertonung des 100. Psalms in sein Repertoire aufzunehmen, mag insofern bezeichnend sein, da dieses Werk ebenso auf-

---

[1] Die hier vorgetragenen Ausführungen beruhen in Teilen auf meinem Artikel *Max Reger/Paul Hindemith. Der 100. Psalm (1909/1955)*, in: Neue Zeitschrift für Musik (147) 1986, Heft 3, S. 32–36.

grund seiner stilistischen wie immensen technischen und aufführungspraktischen Schwierigkeiten im Konzertsaal praktisch inexistent und somit erst wiederzuentdecken war. (Von seinem Anspruch her steht dem 100. Psalm innerhalb Hindemiths Repertoire als Dirigent eigentlich nur noch die 9. Symphonie Beethovens zur Seite – eine Konstellation, die kaum zufällig sein dürfte.)
Zum anderen ist der Anlaß der Bearbeitung des 100. Psalms aufschlußreich: Es handelt sich um Hindemiths 60. Geburtstag am 16. November 1955, der durch ein Festkonzert des Westdeutschen Rundfunks unter seiner Leitung am 11. November 1955 in Köln gefeiert wurde, welches ausschließlich eigene Werke und die Bearbeitung des 100. Psalms enthielt. Der Erstaufführung der Bearbeitung des 100. Psalms gingen die *Symphonia Serena* von 1946 und die *Konzertmusik für Klavier, Blechbläser und Harfe* op. 49 von 1930 voraus – eine für Hindemith charakteristische Zusammenstellung und Abfolge, die wohl ebenso als Ausdruck einer Affinität wie als Abgrenzung gedeutet werden darf und damit das widersprüchliche Verhältnis Hindemiths zu Reger widerspiegelt. Bekanntlich zieht sich die Auseinandersetzung Hindemiths mit Reger – von dem er schrieb, daß er ohne ihn *gar nicht zu denken*[2] sei – durch seine ganze künstlerische und kompositorische Laufbahn; sie ist jedoch bislang noch nicht systematisch untersucht worden[3]. Gekennzeichnet ist sie durch den Zwiespalt Hindemiths zwischen Bewunderung für den gleichsam naturhaft erscheinenden, ungehemmten kompositorischen Impuls Regers und der kritischen Bewertung seines Anti-Intellektualismus, also der Weigerung Regers, diesen Impuls durch geschichtlich begründete Normen zu kompensieren. Hindemith spürte, daß in Regers Musik der grundsätzliche Konflikt zwischen der individuellen schöpferischen Tätigkeit als der Grundlage jedes Werks

---

[2] Zit. nach Helmut Wirth, *Max Reger*, Reinbek 1973 (*Rowohlts Monographien* 206), S. 151.
[3] Ansätze dazu hat Klaus Ebbeke in seinem Aufsatz *Zu Hindemiths Reger-Konzeption*, in: Hindemith-Jahrbuch 1987/XVI, S. 73–93, geliefert.

und der Geschichtlichkeit, welcher das verfügbare satztechnische Instrumentarium unterliegt, aufs Äußerste zugespitzt und ein letztes Mal zugunsten einer subjektiven Allmacht des Komponierens und damit eines romantischen Paradigmas gelöst war.
Hindemith konnte sich demnach in der von ihm nach 1918 entscheidend mitgestalteten Überwindung einer überlebten musikalischen Tradition Regers rigoroser Unmittelbarkeit der kompositorischen Praxis verwandt fühlen, auch wenn sie sich bei Reger unter gänzlich anderen Voraussetzungen vollzogen hatte. Doch die Mühelosigkeit des Schreibens (die Hindemith lange mit Reger teilte) wich zusehends einer Reflexion über die physikalischen und geschichtlichen Bedingtheiten des Ton-Materials, die damit der Theorie eine immer stärkere, wenn auch stets nachgeordnete Rolle zugewiesen hat. Regers Satztechnik hielt diesen Ansprüchen von Hindemiths gefestigten theoretischen Positionen um 1935 nicht mehr recht stand: So findet sich in der autographen 1. Fassung der *Unterweisung im Tonsatz* eine – in der Druckfassung unterdrückte – Kritik am Streichquartett fis-Moll op. 121, in der ein Mangel an satztechnischer Logik diagnostiziert wird; die betreffende Passage bezeichnet Hindemith als *verworren* und *ziellos*[4]. (Es konnte für Hindemith seit seiner Erarbeitung der theoretischen Prämissen in der *Unterweisung* nur noch ein Komponieren mit, jedoch nicht gegen die Theorie – oder anders formuliert: gegen stets gültige Grundgegebenheiten des Tonsatzes[5] – geben, auch wenn er die Koexistenz divergierender kompositorischer Ansätze stets akzeptierte, wie seine Zürcher Analyse von Schönbergs 4. Streichquartett zeigt.)
Die eigenartige Ambivalenz Hindemiths gegenüber Reger tritt am deutlichsten in seinem Hamburger Bach-Vortrag von 1950 zutage, in

---

[4] Vgl. dazu Jürgen Blume, *Hindemiths erste und letzte Fassung der »Unterweisung im Tonsatz« im Vergleich*, in: Hindemith-Jahrbuch 1991/XX, S. 71–109, hier S. 99f.

[5] Der Begriff des »Gesetzes« spielt für Hindemith eine ähnlich starke Rolle wie für Webern, ist jedoch nicht nomothetisch–absolut, sondern immanent–pragmatisch bestimmt. Vgl. Blume, *Hindemiths »Unterweisung«*, S. 95.

welchem er dem prekären Verhältnis von Theorie und Praxis einige Schlüsselformulierungen gewidmet hat. Die retrospektive Orientierung Hindemiths überwiegt zwar durch das Betonen des unübertroffenen Maßstabes, den Bach gesetzt habe, doch sind die Attacken gegen das herrschende neo-romantische Bach-Bild und die damit verbundene Aufführungspraxis frappierend; Hindemith nimmt hier ohne Umschweife heutige Prinzipien historischer Aufführungspraxis vorweg. Charakteristisch ist der Kontext, in dem der Name Reger – übrigens als einziger Name eines Komponisten neben Bach – auftaucht; zugleich wird hier auch eine indirekte Selbstcharakterisierung der Position Hindemiths erkennbar: *Zu den theoretischen Hintergründen seiner Kunst verhält sich [Bach] indifferent. Erschien er seinen Zeitgenossen in seinem Kompositionsstil als der Vertreter einer vorbeigegangenen Zeit, so muß er uns mit seiner fast ausschließlichen Festlegung aufs praktische Musizieren als einer der ersten Meister erscheinen, der in moderner Weise mit dem mittelalterlichen Künstlertyp brach, jenem Typ, der in sich den streng durchgebildeteten Wissenschaftler und den freischweifenden Phantasten zu vereinigen suchte. [...] Natürlich brauchts zu guter kontrapunktischer Arbeit etwas mehr als das bloße gefühlvolle Schwärmen des naiven Komponisten, aber mit Wissenschaft hat diese Arbeit nichts zu tun, wie denn niemals wissenschaftliche Arbeitsweisen auf die künstlerische Schöpfung angewendet werden können. Mit Max Reger erlebten wir in den jüngstvergangenen Jahrzehnten dasselbe. War er nicht auch mit dem [...] Glorienschein des Doktrinärs, des Musikgelehrten umgeben worden? Wenn aber ein Musiker je naiv, unbekümmert ums wissenschaftliche Erkennen und geradezu rabiat im impulsiven Erschaffen war, rabiat bis zur Leichtfertigkeit, so war es Reger. Bachs musikalische Natur muß ähnlich beschaffen gewesen sein, obwohl wir bei ihm immer ein nüchternes Über-der-Sache-Stehen beobachten können, das ihn nicht sich im Schwulst verlieren oder in Plattheiten verebben läßt.*[6]

---

[6] Paul Hindemith, *Johann Sebastian Bach. Ein verpflichtendes Erbe*, Frankfurt/Main 1962, S. 17ff.

Diese wohl zentrale Passage weist Bach die Funktion eines Mittlers zwischen Theorie (oder Kompositions-Wissenschaft) und Praxis (oder künstlerischer Inspiration) zu. Die Ablehnung der Komposition als einer *wissenschaftlichen Arbeitsweise* muß angesichts des systematisch-rationalen Grundzugs der *Unterweisung* fast überraschen, auch wenn Hindemith der Auffassung war, Komposition selbst sei nicht lehrbar, sondern lediglich ihre einzelnen (an sich intentionslosen) Komponenten[7]. Doch Hindemith bewertet im selben Moment das *impulsive Erschaffen* Regers negativ; dessen agonales Verhältnis zur und rigides Komponieren *gegen die Theorie*[8] – zumindest gegen eine normative Theorie – bestimmt Hindemiths Reger-Bild in kritischer Weise[9]. Auch dies irritiert in gewisser Weise: Denn Hindemith thematisiert zugleich die andere Seite von Regers Komponieren, nämlich ihren vorweggenommenen Neo-Klassizismus, der sich in der umfassenden Usurpation von Modellen älterer Musik äußert.

So ist die Widersprüchlichkeit der Deutung Regers im Kontext des Vortrags auch ein Echo der Dichotomie von Vision und technischer Materialisation, die Hindemith seit Anfang der 30er Jahre dauerhaft beschäftigt hat, weil sie zu seiner Definition des musikalischen Materials und damit der Aufgabe des Komponisten in ursächlicher Beziehung stand[10]. Dieser Widerspruch beherrscht auch den Urteilswandel über

---

[7] Vgl. die stichwortartige Notiz: *Komp. nicht lehrbar Nur Materialerkenntnis – Zusammensetzen des Materials* in dem zeitlich benachbarten Vortrag *Musikerziehung, wie und wozu* von 1952 (abgedruckt bei Giselher Schubert, *Im Geschirr des allgemeinen Narrenwagens. Aspekte des Hindemithschen Musikdenkens*, in: Hindemith-Jahrbuch 1984/XIII, S. 50f.).
[8] Rainer Cadenbach, *Max Reger und seine Zeit*, Laaber 1990, S. 284.
[9] Sie ist im übrigen der Kritik Hugo Riemanns an Regers unökonomischer Verwendung seiner Ausdrucksmittel verwandt. Vgl. dazu Cadenbach, *Max Reger*, S. 285.
[10] Vgl. dazu ausführlich Giselher Schubert, *»Vision« und »Materialisation«. Zum Kompositionsprozeß bei Hindemith*, in: *Vom Einfall zum Kunstwerk. Der Kompositionsprozeß in der Musik des 20. Jahrhunderts*, hrsg. von H. Danuser und G. Katzenberger, Laaber 1993, S. 219–242.

Fux in den verschiedenen Stadien der *Unterweisung*: Wird der Verfasser des *Gradus ad Parnassum* in der handschriftlichen Fassung noch als *Abtöter* jeglicher schöpferischer Entfaltung bezeichnet, so fungiert das Kontrapunkt-Lehrwerk in der Druckfassung als *Damm gegen Willkür und Übertreibung*, d.h. als Setzung einer notwendigen Norm und damit eines in seinen Ergebnissen objektivierbaren Komponierens[11].
Hindemiths Bearbeitung des 100. Psalms könnte demnach in erster Linie als Korrektur eines Mißverhältnisses von Intention und Ausführung bei Reger verstanden werden, als klassizistischer Akt der Normierung, hinter dem ein restaurativer Zeitgeist zutage tritt, wie er in Fritz Steins apologetisch-pathosgeladenem Vorwort zur Partiturausgabe anklingt[12]. Zweifellos berauben Hindemiths Eingriffe das Original gerade jener Eigenschaften, die eben das Spezifikum des Regerschen Stils ausmachen. Doch ging es Hindemith wirklich um eine altmeisterlich anmutende Korrektur des Regerschen Satzes in einen Neo-Bach-Stil? Es scheint, daß Hindemith in Regers Werk auch dessen geschichtliche Wurzeln freilegen wollte, indem er die unüberhörbaren Bezüge der Regerschen Musik zu einer älteren musikgeschichtlichen Vergangenheit betonte. Die der Bearbeitung zugrundeliegenden Prinzipien und Anschauungen hängen durch das aufgezeigte Problemfeld von »Inspiration« und »Realisation« freilich ursächlich mit Hindemiths theoretischen, handwerklichen und letztlich ästhetischen Prämissen zusammen, die – über seinen eigenen kompositorischen Stilwandel seit Beginn der 30er Jahre hinweg – eine erstaunliche Kontinuität und Stabilität aufweisen.
Dies wird schon am Gegenstand der Bearbeitung selbst manifest: Regers Werk muß in seiner Autonomie und Individualität und durch seine

---

[11] Vgl. Blume, *Hindemiths »Unterweisung«*, S. 74.
[12] *So begrüßen wir diesen verantwortungsbewußt von Meisterhand unternommenen, als selbstlosen Dienst am Werk zu wertenden Versuch einer Neubearbeitung als dankenswerten zeitgenössischen Beitrag zur Erschließung Regers.* (Taschenpartitur Edition Peters 3819a [1958])

Epochen-Nähe im Grunde als unantastbar erscheinen. Die große geschichtliche Distanz zu Perotins oder Monteverdis Musik, aber auch die authentische Wiederbelebung eines versunkenen Repertoires legitimierte die an diesen Werken vorgenommenen Bearbeitungen Hindemiths in einer Weise, die kaum auf ein monumentales Werk wie den 100. Psalm, der selbst bereits Merkmale einer Transkription trägt, übertragbar ist. Der Hinweis auf die Beethoven- oder Schumann-Bearbeitungen Mahlers, der als Gegenbeispiel gegeben werden könnte, ist nicht stichhaltig: Denn Mahler ging es um die Korrektur klanglicher Mängel der originalen Instrumentation im Interesse einer Verdeutlichung der Werk-Intention, mithin um stilistische Retuschen, die durch die (stillschweigende) Annahme der Identität der künstlerischen Ziele von Komponist und Bearbeiter von vornherein sanktioniert waren; diese Bearbeitungen verstanden sich als ein Akt künstlerischer Einfühlung, durch den die ästhetische Sphäre des Originalwerkes nicht nur unbeschädigt blieb, sondern noch intensiver erfahrbar wurde.

Hindemiths Ansatz, wie er vor allem aus den Überlegungen in *Komponist in seiner Welt* herleitbar ist, unterscheidet sich hiervon erheblich; denn ihm liegt eine grundsätzliche, in ihrer Konsequenz für sein eigenes Komponieren aber noch kaum beachtete Trennung von Stil und Technik zugrunde. So ist für Hindemith Stil ein sekundärer, *nebenfunktionaler* Aspekt in der Art einer ephemeren zeitgeschichtlich, regional oder eben durch die Persönlichkeit des Komponisten bedingten Einfärbung; dem Stil gegenüber steht die Satztechnik als das entscheidende gestalterische Werkzeug, durch das eine Komposition dem ihr zugewiesenen Zweck zugeführt wird, nämlich *den Bedingungen des Wiedergabeortes, der intellektuellen Fertigkeit der Aufnehmenden und den Fähigkeiten der Ausführenden* zu entsprechen[13]. Es ist Hindemiths von der Perspektive der Aufführung bzw. Aufführbarkeit her geprägte alte Idee einer »Musik nach Maß«, die in dem Programm von 1952 wiederaufgegriffen

---

[13] Paul Hindemith, *Komponist in seiner Welt*, (Cambridge/Mass. 1952) Zürich 1959, S. 145.

wird: Und wie die Ausrichtung der kompositorischen Idee und ihrer satztechnischen Durchführung von dem jeweiligen Gebrauchszweck abhängt, so ist auch der Wert einer Komposition danach zu beurteilen, wie sie diesem Gebrauchszweck gerecht wird, wie also die inneren Proportionen und Strukturen der Komposition, ihre klangliche und instrumentale Disposition sinnvoll aufeinander bezogen sind. Hindemiths Haltung gegenüber dem musikalischen Kunstwerk bleibt trotz des durchklingenden Pathos der Vorträge in der Sache weiterhin nüchtern, anti-metaphysisch, da sie dem bloß geschriebenen musikalischen Text eine hinreichende künstlerische Sinnbestimmung nicht zuzusprechen vermag: Der klassisch-romantische Begriff des absoluten musikalischen Werkes als ein Ideen-Kunstwerk, das unabhängig von seiner Realisierung zu existieren vermag, wird auch 1950 durch einen pragmatischen Ansatz, der das Erklingende in den Mittelpunkt stellt, ersetzt. Dahinter offenbart sich zugleich eine der (spät-)barocken Theorie verwandte Anschauung und Affinität[14]: Hindemiths Definition des Stils hebt eben nicht auf das romantische Paradigma des Personalstils ab; im Gegenteil wird der Komponist, entsprechend dem Selbstverständnis des Barocks, wieder zu einer »dienenden«, kontrollierenden Instanz erklärt. Hindemith versteht den Stil einer Komposition vielmehr als spezifisch intendierte Konkretion eines allgemeinen Prinzips, als eine intentionale (und damit jederzeit revidierbare[15]) Ausformung der Setzweise. An die

---

[14] Auf die Nähe von Hindemiths Melodielehre zur figurativ–rhetorischen Melodienlehre Christoph Bernhards hat Carl Dahlhaus in seinem Beitrag *Hindemiths Theorie des Sekundgangs und das Problem der Melodielehre*, in: Hindemith-Jahrbuch 1982/XI, S. 114–125, hier S. 123, hingewiesen. Noch nicht erschlossen sind die umfangreichen Exzerpte Hindemiths von Theoretica des Barock, die sich im Paul-Hindemith-Institut in Frankfurt befinden. Einen ersten Hinweis bietet die Miszelle von Andreas Traub, *Eine Ehrenrettung Kirchers*, in: Hindemith-Jahrbuch 1992/XXI, S. 158–162, in der Hindemiths Auswertung barocker Musiktheorie anhand seiner Kircher-Lektüre untersucht wird.

[15] Darin nähert sich Hindemith übrigens wieder Regers Verständnis des musikalischen Werkes, daß dieses wesentlich durch den Anteil an einer Gattung (und nicht als Einzelwerk) seinen Wert habe, und der daraus resultierenden Praxis der Wiederholbarkeit von früheren Konzeptionen. Vgl. dazu Cadenbach, *Max Reger*, S. 312.

Stelle des barocken Affekts tritt bei Hindemith der musikalische Gebrauch oder Anlaß und damit eine Verschiebung, die aufgrund des gemeinsamen Prinzips der Objektgebundenheit lediglich akzidentiell ist[16]. Das satztechnische Vorgehen, das kompositorische »Handwerk«, bleibt als Verwendung oder Umwandlung des Werkstoffes stets neutral und zugleich primär.

Die Kontinuität von Hindemiths anti-romantischer Grundhaltung tritt somit in *Komponist in seiner Welt* nochmals deutlich hervor; der vehemente Eingriff in den 100. Psalm (wie wohl auch in jedes andere Werk der Musikgeschichte, sofern es bestimmten Qualitätsansprüchen Hindemiths genügt) wird legitimierbar, da es nicht um die Veränderung des vorliegenden, aber unmaßgeblichen Personalstils geht, sondern um die »sachliche« Korrektur der Satztechnik hinsichtlich ihrer Zweckbestimmung[17]. Die Parameter dieser Zweckbestimmung werden vor allem im Kapitel *Technik und Stil* von *Komponist in seiner Welt* aufgezählt; festzustellen ist hierbei, daß es Hindemith um Grundbegriffe der Akustik, des Raums, der *Fähigkeit* und *Bereitschaft* des Publikums geht[18]. Erst später treten auch immanente Aspekte der Komposition hinzu, so etwa jene – durchaus auch auf Reger beziehbare – Äußerungen über den

---

[16] Vgl. dazu Rolf Dammann, *Der Musikbegriff im deutschen Barock*, Köln 1967, S. 235. Vergleichbar der Gewichtung der barocken Musikauffassung kommt es auch Hindemith primär auf die »Darstellung«, nicht auf den »Ausdruck« an. So lassen sich die folgenden Ausführungen Dammanns konsequent auf Hindemith anwenden: *Darstellung ist in doppelter Richtung bezogen und zwiefach gebunden. Zunächst wird ein Objekt, ein Gegenstand umrissen und musikalisch hingestellt. [...] Zugleich zielt die Phantasie des Barockmusikers auf die Außenwirkung: er kennt die Reaktionsweise des Hörers [sic!]. Darstellung [...] geschieht mit festgelegten, gewissermaßen verabredeten Strukturmitteln. Sie zielen auf Deutlichkeit, Plastizität, Erkennbarkeit ihres musikalischen Gegenstandes. Darstellung ist objektgebunden. Sie erfolgt mittelbar, keineswegs spontan.* (S. 235)

[17] Es wäre Ansatz einer eigenen Studie, den ideengeschichtlichen oder ästhetischen Hintergrund dieser Ansicht Hindemiths – und auch ihre »ideologischen« Folgen – zu untersuchen.

[18] Vgl. *Komponist in seiner Welt*, S. 136ff.

Widerspruch zwischen Aufwand und Wirkung und das *Fehlen überzeugender Proportionen*, die Hindemith in vielen Werken beklagt[19].
Jene allgemeinen Äußerungen lassen sich hinsichtlich der Bearbeitung des 100. Psalms durch einen Text Hindemiths aus dem Jahr 1928 über die Beschaffenheit einer zeitgemäßen Chormusik konkretisieren[20]. Dieser Text liefert einen Schlüssel zum Verständnis auch der technischen Seite der Bearbeitung, da er sehr präzise Angaben über einen (nicht nur durch seine Orientierung an der Praxis) zeitgemäßen Chorsatz bietet. Hindemiths Reformvorschläge lassen sich wie folgt zusammenfassen:
(1) Es gibt ein Primat der Polyphonie; freilich ist damit keine Mehrstimmigkeit gemeint, *die nichts weiter ist als bloßes Ausfüllen der durch Harmonien gestützten Zwischenräume. Sondern eine Polyphonie, die die Eigenbewegung jeder Stimme und den hieraus resultierenden Gesamtklang zur Grundlage hat.* Die Autonomie der einzelnen Stimme findet ihre Grenze in der Kontrolle des Gesamtklangs, mithin in der Rationalität der Intervallbildung.
(2) Instrumentale und vokale Melodik sind voneinander zu trennen. Beim Zusammengehen mehrerer Linien herrsche *weises Ebenmaß*. Hindemith rechnet – wie später in der *Unterweisung* – mit einer physiologisch bedingten, quasi »natürlichen« Unmöglichkeit, mehr als drei selbständige melodische Linien gleichzeitig und distinkt wahrzunehmen.
(3) Die Harmonik des Chorsatzes hat nicht die Differenziertheit der Harmonik in der Instrumentalmusik zu übernehmen oder imitieren. Konsonanzen sollen vorherrschen, der Einsatz von Dissonanzen ist auf die Funktionen von Durchgängen, Vorhalten etc., wie sie im klassischen strengen Satz bestehen, zu reduzieren. (Die ältere, fundamentale Unter-

---
[19] Ebd., S. 184.
[20] *Wie soll der ideale Chorsatz der Gegenwart oder besser der nächsten Zukunft beschaffen sein?*, gehalten im Oktober 1928 auf einer Chormeistertagung an der Berliner Hochschule für Musik und Darstellende Kunst (abgedruckt in: Andres Briner, *Paul Hindemith*, Zürich 1971, S. 307–310). Die im folgenden Absatz unter den Kolumnen (1)–(6) aufgeführten Zitate stammen sämtlich aus diesem Vortrag und sind nicht eigens nachgewiesen.

scheidung zwischen einer musica humana und instrumentalis wird hierin implizit wieder eingeführt.)
(4) Die chorische Rhythmik soll sich entsprechend scharfer Akzentbildungen enthalten, sondern vielmehr einer *sich in größeren Bögen bewegenden, sich der für die Orgel erforderlichen akzentärmeren Linienführung nähernden Themenkonstruktion* [befleißigen].
(5) Im Klangbild sind generell quasi-instrumentale Effekte zu vermeiden, der Vokalklang muß als Eigenwert stets spürbar bleiben und Vorrang besitzen.
(6) Sangbarkeit oder auch materialgerechte *Faßlichkeit* des Tonsatzes ist das Ideal aller Chormusik. Negatives Gegenbild ist der *in Unkenntnis des Materials* geschriebene Chorsatz, so *daß der Zuhörer entweder zu gar keinem Genuß kommt oder nur der recht zweifelhaften Befriedigung teilhaftig wird, beständig den akustischen Eindruck mit dem Notenbild vergleichen zu müssen.*
Hindemiths kritische Annotationen stehen ganz unter dem Bann seines während der Berliner Jahre gewonnenen Pragmatismus, daß die *Zeiten des steten Für-sich-Komponierens [...] vielleicht für immer vorbei* [sind][21]. Komponieren als ein intellektuelles, zweckfreies Spiel ohne ausreichende Material- oder Metierkenntnis erscheint ihm weniger denn je vertretbar. Der Begriff des Materials (oder Werkstoffes), der dem Chorvortrag zugrundeliegt, besitzt schon jene ahistorische Vorprägung des späteren theoretischen Lehrwerks, doch drückt sich in ihm auch noch ein unmittelbarer geschichtlicher Reflex und Vorbehalt gegen die *spätromantisch-symphonische Verflechtung von instrumentalem und vokalem Satzstil*[22] aus.
So läßt sich die hier geäußerte Kritik zwanglos und zugleich folgerichtig auf die Bearbeitung des 100. Psalms übertragen, die – fast 30 Jahre später – den hier aufgezeigten Prinzipien noch völlig verhaftet ist. Die generelle

---

[21] Zit. nach Briner, *Hindemith*, S. 310.
[22] Vgl. Briner, ebd., S. 311.

Richtlinie der Bearbeitung ist die Entflechtung der Stile bzw. der instrumentalen und vokalen Modi. Die hierfür einschneidendste Maßnahme ist sicherlich die Auflösung des diffizilen Klang-Verbundes von Orgel und Chor, der für den 100. Psalm über weite Strecken charakteristisch ist. In dieser Kombination liegt eine seltsame anmutende, für Reger freilich typische Überdetermination des Satzes und Zusammenführung der instrumentalen Ebenen vor, die man übertragen als eine »Überbelichtung« fassen kann. Der Orgelpart dient als Stütze des eminent schwierigen Chorsatzes, doch ist dieser in seiner Setzweise quasi instrumental, d.h. die Rücksichtnahme auf technische Grenzen der menschlichen Stimme, der Intonation, überhaupt des Zusammenklangs ist gering. Reger hat in dieser Chorpartitur ein gleichsam »sprechendes« Instrument geschaffen, wobei die Schwierigkeiten noch durch eine wiederum typische Unschärfe des Satzes erhöht werden: Denn Chor- und Orgelsatz sind strukturell zwar identisch, aber in der jeweiligen Stimmführung, in diastematischen und rhythmischen Details, voneinander abweichend, so daß sich eine Art Heterophonie mit ineinander verzahnten Klangflächen bildet, deren apperzeptive Problematik durch das Hinzutreten der Instrumentalstimmen noch gesteigert wird. Durch das Gewicht des Orgelparts, der an die großen Orgelphantasien Regers angelehnt ist, die Großdimensionalität des Chorsatzes mit der Integration motettischer und konzertanter Elemente und schließlich durch den symphonischen Anspruch der Orchesterbehandlung wirkt das Werk fast hybrid, jedenfalls in seinen verschiedenen Dimensionen kaum noch faßbar. Das Resultat ist, besonders im sonatenhaften Eröffnungssatz (T. 1–152) und – extremer noch – in der Schlußfuge (T. 209–330), von Monumentalität und Ambivalenz gleichermaßen gekennzeichnet. Diese Überlagerung von Stil- und Satzarten, die für sich genommen bereits Einzelkonzeptionen zu bilden scheinen und daher in einer gewissen Spannung, wenn nicht Divergenz zueinander stehen, aber das stilistische Profil des Werkes maßgeblich bestimmen, mußte für Hindemith der Aufführbarkeit des Werkes, dem von Reger intendierten Aufführungssinn entgegenwirken: Die Auflösung der Duplizierung des Satzes von Chor und Orgel ergab sich daher als eine erste Konsequenz – eine Konsequenz freilich, die im Widerspruch zu der Regel von 1928 steht, daß sich die Chormusik dem »fließenden« Ideal der Orgel annähern solle.

In einem zweiten Schritt wird die Instrumentation geändert: sie ist nicht nur ausgedünnt, sondern auch im klanglichen Ergebnis wesentlich modifiziert. Anstelle des Mischklanges, der sich durch die Kopplung von Streich- und Blasinstrumenten mit ähnlicher Klanglage – häufig etwa Fagott und Violoncello – einstellt, tendiert Hindemith zu einem Spaltklang, der die klanglichen Profile der einzelnen Instrumentalgruppen schärft und damit hervorhebt. In dieser Reduktion liegt auch eine Tendenz zur Askese: Sie wird greifbar in den Formulierungen des Bach-Vortrags von der *Nichtigkeit*, den der Klang als Wert bei Bach zugunsten höchster struktureller Klarheit erfahre[23], wie sie auch in der zunehmenden Verknappung des Hindemithschen Spätwerks – das ja den Umkreis der Reger-Bearbeitung bildet – dominiert. (Und parallel dazu hat Hindemith, wie Giselher Schubert dargestellt hat, den eigenen Kompositionsprozeß *immer mehr ins Gedankliche zurückverlagert*, d.h. den Prozeßcharakter des Komponierens immer stärker verdeckt[24].) Die Neubestimmung betrifft also nicht allein immanente Vorgänge, sondern auch das Verhältnis von klanglicher Außenwirkung und satztechnischer Struktur; insofern ist der Eingriff in die satztechnische Gestalt, obgleich er als ein bloß technischer von Hindemith verstanden wird, in der Tat substantiell. Die kühle, materialbestimmte Position des Chorvortrags von 1928 führt in der Anwendung im 100. Psalm zu einer

---

[23] Vgl. Hindemith, *Johann Sebastian Bach*, S. 40: *Wir [können] keine klingende Form mehr in uns aufnehmen, ohne sie an den Werten zu messen, die uns Bach gezeigt hat. Das Äußere der Musik, der Klang, schrumpft dann zur Nichtigkeit. War er ursprünglich das, was uns zur Musik lockte [...], so ist er nun nur noch Gefäß für das Wichtigere, unser Besserwerden.*

[24] Vgl. Schubert, »*Vision*« *und* »*Materialisation*«, S. 231.

essentiellen Umwertung: Denn in die überdeterminierte, »opake« und in der Quasi-Instrumentalität auch eine Utopie musikalischer Totalität ansteuernde Gestalt des Regerschen Chorsatzes wird in einer Weise eingegriffen, die das Primat der Struktur – einer Struktur im Sinne des Hindemithschen Tonsatzes – restituiert. Damit wird die komplexe und empfindliche Wechselwirkung zwischen Klang und Struktur in Regers Komposition so sehr verändert und vereinfacht, daß von einer Aufhebung des Regerschen Stils gesprochen werden muß. Die bei Reger vorherrschende Antithetik von Klang und Struktur, das Aufgehen kontrapunktischer Konstruktion in einer vagierenden harmonischen Sprache, wird zugunsten einer polyphonisch gedachten Transparenz der Abläufe geändert. (Man muß diesen radikalen Schritt vor dem Hintergrund der Ausrichtung von Hindemiths Tonsatzdenken und ihrer Konsequenzen sehen: Strukturelle Festigung und Transparenz des Tonsatzes bilden in den Annahmen des Zentraltones und des harmonischen Gefälles Grundgesetze von Hindemiths musikalischem Denken, die in der *Unterweisung* und ihren Übungsbüchern sowie in Hindemiths Unterrichtspraxis unermüdlich entfaltet und demonstriert werden. Nach der Erinnerung von Hans Ludwig Schilling, der Hindemiths Unterricht in den 50er Jahren geschildert hat, verließ keine Komposition *ohne Verteilung eines harmonischen Gefälles [...] Hindemiths »Werkstatt«*.[25])

Die Takte 52–80 aus der Durchführung des ersten Teils des 100. Psalms seien abschließend im Detail betrachtet. Ihre Umgestaltung berührt alle Ebenen des musikalischen Geschehens bis hin zur Textunterlegung; sie bedeutet damit weit mehr als eine bloß technische Maßnahme, wie Hindemiths wertneutraler Materialbegriff es zu fassen meint, sondern verändert vielmehr die stilistische Identität der Vorlage selbst.
Der erste Teil des 100. Psalms (Takt 1–130) wird im wesentlichen von dem kontrastierenden Ineinandergreifen der ersten beiden Psalmverse

---

[25] Hans Ludwig Schilling, *Hindemith auf dem Katheder*, in: Melos (22) 1955, S. 312.

(*Jauchzet dem Herrn, alle Welt! / Dienet dem Herrn mit Freuden, kommet vor sein Angesicht mit Frohlocken*) bestimmt: Kontrastierend insofern, als Reger dem 1. Vers den Hauptsatzgedanken, dem 2. Vers die Rolle des Seitensatzes zuordnet; ineinandergreifend, da vielfache textliche und musikalische Verflechtungen beider Verse bestehen, welche die Eindeutigkeit jener Zuordnung wieder aufheben und dem gesamten ersten Teil eine formal fließende, mehrdeutige Prägung verleihen, die über den eigentlichen Durchführungsteil hinausreicht[26]. In den Takten 52–57 intoniert der Chor den Anfang des 2. Verses *Dienet dem Herrn* auf dem Kopf des Hauptthemas (Takte 3ff.), einer kreisenden Sechzehntelfigur, deren Bau als Keimzelle vielfacher kontrapunktischer Kombinationen dient und später auch im Thema der abschließenden Doppelfuge wiederkehrt. Der instrumentale Kontext ist unübersichtlich, die harmonische Konzeption einfach und dennoch ambivalent: Vorweggenommen ist das Sechzehntelmotiv im Takt zuvor imitatorisch in Hörnern, Trompeten und Streichern; die Orgel liefert den Klanggrund mit Dominantseptakkorden, die stets auf den betonten Taktteilen liegen. Auch der Einsatz des Chores in Takt 52 steht auf dem Dominantseptakkord von D-Dur, und harmonisch bleibt die Instabilität zwischen A- und D-Dur bis zum Ausklang der Passage in Takt 58 virulent, so daß die Tonika stets durch den Septakkord vertreten wird. Der dichten kontrapunktischen, in Engführung verlaufenden Bewegung korrespondiert damit eine harmonische Instabilität, welche die tonale Spannung des Kadenzschrittes V^7–I nutzt, ohne den Zentralton, d.h. die jeweilige Tonika, zur Darstellung zu bringen: Die Tonalität besitzt – beim Vorliegen einfachster harmonischer Sachverhalte – eine maskenhafte Gestalt.

---

[26] Insgesamt wird die Sonatenhauptsatzform im ersten Teil durch die parataktische Folge und Ablösung der Verse durchkreuzt und ist damit erheblich modifiziert (vgl. etwa die Scheinreprise der Takte 101ff.). Dahinter wird das Problem deutlich, mit dem formalen Instrumentarium des 19. Jahrhunderts – also vor allem dem dynamischen Modell der Sonatenhauptsatzform – das statische Formkonzept einer barocken Choralkantate zu reproduzieren.

Die nachfolgenden Takte 58–61 bringen einen instrumentalen Einschub, der entsprechend auch auf die Orgel – den »zweiten« Chor – verzichtet. In den Takten 62–81 sind textlich der 1. und 2. Vers ineinander verschränkt: zunächst setzt der Chor mit dem Beginn des 1. Verses (*Jauchzet*) ein, dann folgt wiederum in einem sehr virtuosen Stil mit Unterstützung der Orgel die erste Hälfte des 2. Verses (*Dienet dem Herrn mit Freuden*). Auch hier übernimmt das übrige Orchester die Funktion einer Spiegelung und Verdichtung der Thematik des Chores durch Fragmentarisierung und Intensivierung der Motivik. (So gewinnt das erstmals in Takt 50 in den Flöten auftauchende rhythmische Begleitmotiv – extrahiert aus der Sechzehntel-Drehfigur – in den Bläsern zunehmende Bedeutung, bis es schließlich in den Takten 90ff. eine eigenständige thematisch-motivische Einheit bildet.) Dieser Abschnitt reicht bis zum Takt 81; bereits ab Takt 74 beruhigt sich die Bewegung, die Orgel tritt als Begleitung zurück, und der Vokalsatz besitzt wieder choralhafte Züge. Ab Takt 82 erfolgt dann ein verkürzter Einschub des Seitensatzes, gegenüber der Parallelstelle der Takte 37ff. in Quinttransposition und einer metrischen Verschiebung um einen halben Takt, die auch später bei der Reprise (Takt 130) noch gilt.

Wie hat Hindemith dieses überaus reiche, beinahe hypertrophe Satzgeflecht verändert? Wieder ist die Streichung der Orgel der primäre Schritt. Der Orgelsatz wird von Hindemith als tautologische Wiederholung des Chorsatzes und damit als Störung der akustischen Transparenz empfunden; der klangliche Reiz des vokal-instrumentalen Mischklanges erscheint demgegenüber als ein sekundäres, vernachlässigbares Moment.

Auch der Chorsatz selbst ist, betrachtet man die Details, teilweise enorm modifiziert. Er ist – im Sinn der Reformvorschläge von 1928 – sangbarer gemacht, melodisch und rhythmisch geglättet und auf eine Betonung der Zentraltöne sowie der harmonischen Konturen hin überarbeitet; die Textunterlegung ist vereinfacht und gegenüber Regers melismatischer Vertonung im wesentlichen syllabisch konzipiert. Der

Tonsatz Regers wird gewissermaßen in eine andere Sprache übersetzt, er bleibt lediglich als Hüllenform der ursprünglichen Intention präsent. Die in Analogie zur Akkordik der Orgel vorgenommene Dreiteilung von Sopran und Alt in den Takten 55, 56 und – extrem – 57 wird von Hindemith nicht nur zur Zweistimmigkeit reduziert, sondern in eine sanglichere, die Eigensphäre des Vokalen wieder hervorhebende Gestalt gebracht. Die Tenorstimme, im Original durch Synkopierungen und Überbindungen rhythmisch überfrachtet und ausdifferenziert, wird in kleinere Einheiten neu geordnet; die Pausen – bei Reger fast inexistent – werden als syntaktische Strukturelemente und atemgebende Zäsuren einbezogen. Die gewonnene Transparenz motivischer Zusammenhänge und der Linienzüge bewirkt freilich auf der anderen Seite einen gravierenden Verlust der dramatischen Spannkraft der ursprünglichen Satzdisposition.

Ebenso radikal in ihrer Vereinfachung ist Hindemiths Veränderung des Streicher- und Bläsersatzes an dieser Stelle: Von dem Geflecht der Originaldisposition bleiben allein die 2. Violine und einige, zitathaft anmutende Fragmente in den Blechbläsern übrig. Diese Betonung des thematischen Prozesses trägt fast symbolische Züge in ihrer diametralen Aufhebung von Regers Verfahren, die thematischen Strukturen zu Konstituenten des Klanges zu erklären. Hindemith legt dagegen die einzelnen Schichten des Satzes in ihrer Funktionalität wieder frei und macht sie dadurch wahrnehmbar: So gewinnt die Bewegung der 2. Violine als einer obligaten Gegenstimme zum Chorsatz Profil. Hindemith streicht zudem die Doublierung des Unisonos von 1. und 2. Violinen, womit die Grundlage der Regerschen Instrumentation hinfällig wird; sie wird ersetzt durch einen undoublierten, kammermusikalischen Barockklang, der zweifellos Hindemiths Klangideal in diesen Jahren bildet.

In den Takten 64–81 ist diese Auflichtung des dichten Originalklanges in vergleichbarer Weise vollzogen: Auch hier wird der Chorsatz zu einem idealisierten Satz rekomponiert, in dem vor allem die harmonischen Verläufe verdeutlicht werden und gleichzeitig die Sangbarkeit als eigenes gestalterisches Element wieder Platz greift. Erneut sind in den Instrumentalstimmen die klanglichen Verdoppelungen und thematischen Überdeterminationen getilgt (vgl. die ursprüngliche Parallelführung von Baß, Fagott und 4. Horn in den Takten 68ff. oder die Kopplung von Alt und Klarinette in Takt 70ff.) oder auf ein Minimum reduziert. Die Originalinstrumentation zeigt auch in diesem Abschnitt eine weitgehende Austauschbarkeit von instrumentalen und vokalen Stimmen: Jedes Instrument kann – zumindest prinzipiell – jede motivische Figur übernehmen. Dahinter wird ein gegen die Konvention gerichtetes Komponieren greifbar, indem die gewohnte Zuweisung von begleitenden und führenden Instrumenten und der damit verbundenen Kategorisierung der Klangwerte in primäre (melodie- oder sinntragende) und sekundäre (begleitende) Schichten aufgehoben wird.

Hindemith gibt demgegenüber den Instrumenten wieder »regulierte«, d.h. im Sinne der Spezifik des jeweiligen Instruments adäquate Spielfiguren zurück: So bleibt von der reich gestalteten Partie der Hörner in den Takten 71ff. im wesentlichen das kurze gestoßene Motiv des repetierten Sechzehntel und der nachfolgenden Achtelnote übrig, mithin eine typische klangliche Gestik des Horns. Diese Maßnahme, die im Kontext der gestrichenen Verdoppelungen steht, dient wiederum dazu, eine Relation von klanglichen und thematischen Vorder- und Hintergrund zu schaffen, die bei Reger aufgrund des beherrschenden »zentripetalen« Mittelgrunds – in nuce repräsentiert durch die particellartige Orgelstimme – kaum existiert oder jedenfalls keine Priorität besitzt. Die im Original bewirkte delikate klangliche Brechung, wie sie beispielsweise in den Takten 70–74 manifest wird, wenn der Energetik der rollenden Sechzehntelbewegungen die in langen Tönen absinkende Chromatik von Flöten und Sopran entgegengehalten wird, ist freilich durch Hindemiths gleichsam sezierenden Eingriff gestört.

Hindemiths Bearbeitung stützt sich in ihrer entschlackenden Tendenz, der ein barockes Klangideal zugrunde liegt, auf eine wichtige Kritik an

Reger, die bereits 1930 von Alexander Jemnitz formuliert wurde[27]. Jemnitz stellte der Bachschen Polyphonie – die er als *synthetisch*, d.h. als ein Zusammentreffen selbsttätiger, autonomer Stimmen ohne ein vorgegebenes Akkordschema definierte – den *analytischen* Regerschen Kontrapunkt gegenüber, in dem stets der Akkord das Stimmgewebe konstituiere. Regers dergestalt mit einem *Mangel an Eigenlebigkeit* behaftete Vielstimmigkeit *entstand eigentlich aus solcherart mehr oder minder aufgelockerten Akkordverschiebungen, wobei die Konstruktion dieser Akkorde auf die gebräuchlichsten und gefestigsten Stimmen beschränkt blieb*[28]. Für Jemnitz sind Regers Fugen daher nicht organisch entwickelt, da die *schon im voraus festgesetzte Akkordkonstruktion [...] die Stimmen unter ihr Joch* [zwingt], *anstatt durch sie geschaffen zu werden*[29]. Die Linearität der Stimmen Bachs ist für Jemnitz durch ihren *selbstbestimmten Aufbau* der Regerschen Fugenstimme mit ihrer *so strenge[n] und ununterbrochene[n] äußere[n] Abhängigkeit* weit überlegen. Die Sichtweise Jemnitz' und die daraus abgeleiteten Definitionen sind – wie unschwer erkennbar – nahezu identisch mit Hindemiths Abgrenzung zwischen dem *bloßen Ausfüllen der durch Harmonien gestützten Zwischenräume* und einer Polyphonie, die aus dem *Eigenleben der Stimmen* resultiert, wie sie im Vortrag von 1928 formuliert wurde; und diese Auffassung prägt auch den Bach-Vortrag von 1950 unverändert. Und zielt nicht die Bearbeitung des 100. Psalms genau in jene Richtung einer Auflösung des *gewaltsamen* Stimmengewebes des Regerschen Satzes zugunsten einer Autonomie der einzelnen Stimmen?
Doch Jemnitz hatte auch der Faszination des Regerschen Kontrapunkts nachgespürt, dem Phänomen, beim *Anhören einer Regerschen Fuge vom Eindruck gestrafftester Disziplin übermannt*[30] zu werden. Jemnitz'

---

[27] Alexander Jemnitz, *Max Reger – Der einsame Kollektivist*, in: Die Musik (23) 1931/32, S. 422–430.
[28] Ebd., S. 423.
[29] Ebd.
[30] Ebd., S. 424.

Deutung ist ebenso eigenwillig wie überzeugend in ihrer symbolischen Zuspitzung: So konstatiert er bei Reger die Suche nach jener *zerstobenen wahren Gemeinde*, die in Bachs polyphoner Konstruktion, in der sich Freiheit und Gebundenheit der Stimmen die Waage halten, zwingend zum Ausdruck gekommen sei. Regers Versuch einer Wiederherstellung dieser Gemeinschaft bleibt vergeblich, weil sich die soziologischen und kulturellen Bedingungen radikal geändert haben: Seine Kunst bleibt darum für Jemnitz zugleich restaurativ und privat, aber ihr eignet in der visionären Dramatik dieses imaginativen Aktes ein *aktivistisches* und tragisches Moment, das der äußere Aufwand eher betont als verdeckt. Regers geschichtliches Denken verbleibt daher fiktional: [Reger] *zitiert Geschichtliches: aber nicht als Vergangenheit, sondern als Prätention einer fortbestehenden Gegenwart.*[31]

Von dieser Position aus ergeben sich mehrere Verbindungslinien: Entscheidend ist wohl, daß Jemnitz den Topos der Gemeinschaft und seiner fiktionalen Rolle in Regers Musik den Mittelpunkt stellt. Denn es ergibt sich von hier aus eine eigentümliche Wechselbeziehung zu Hindemiths Forcierung der *Gemeinschaftlichkeit* und *Allgemeinverständlichkeit* von musikalischer Praxis und Sprache als den wichtigsten Aufgaben der Musik überhaupt. Anders als Reger betont Hindemith nicht die Kluft zwischen Konzeption und Realisation, die für Regers symbolische Beschwörungsakte des Fortlebens idealer musikalischer Formen kennzeichnend sind; sie widersprechen vielmehr seinem kompositorischen Realismus und Pragmatismus[32]. Aber Hindemith wendet den latenten Neo-Klassizismus Regers – von dem bereits Jemnitz eine Verbindung zu Strawinsky zog – in der Bearbeitung des 100. Psalms quasi auf Reger selbst an. In dieser Konstellation liegt eine Paradoxie, denn der anti-

---

[31] Ebd.
[32] Der Ansicht von Klaus Ebbeke (*Hindemiths Reger-Konzeption*, S. 75), bei Hindemith wie bei Reger sei das musikalische Werk *ohne das Medium der Realisation* nicht vorstellbar, kann ich daher nicht zustimmen.

geschichtliche – und darin mit den Kennzeichen des Intuitiv-Schöpferischen und der Theoriefeindlichkeit versehene – Impuls Regers wird nun in eine geschichtliche Form zurückgeholt, die in Regers Werk selbst implizit angelegt war. Hindemith versucht gleichsam, das »Private« der Regerschen Vision aufzulösen und in einen allgemeinen und gesicherten Traditionszusammenhang zu überführen. So spürt Hindemith – unter den Bedingungen seines späten, pessimistischen Traditionsbegriffs – einer in den 50er Jahren sicherlich kaum mehr bewußten Problematik des Regerschen Musikdenkens nach, so daß seine Bearbeitung in einer fast dialektischen Weise Reger nahesteht. Der vermeintlich restaurative Charakter der Umarbeitung oder »Umdeutung« des 100. Psalms erweist sich somit als Ausdruck einer ästhetisch ebenso reizvollen wie komplizierten Problematik, in der zugleich auch ein Stück der Widersprüchlichkeit des späten Hindemith offenbar wird, die sich vielleicht nur im Medium der Bearbeitung so entschieden niederschlagen und zuspitzen konnte.

Susanne Schaal

Wahn und Wille
Hindemiths Bearbeitung des Duetts Nr. 16 aus *Cardillac* (1952)

In der Musikgeschichte sind Bearbeitungen oder Neufassungen eigener Werke durchaus nichts Unübliches, ja in einigen Epochen sogar wichtiger Bestandteil kompositorischer Gepflogenheiten[1]. Erst mit dem im 19. Jahrhundert aufkommenden Künstlerbegriff und Genie-Gedanken wird das Phänomen »Bearbeitung« mit neuen Augen gesehen[2]. Denn vor dem Hintergrund der für das 19. Jahrhundert selbstverständlichen Prämisse, daß das Kunstwerk einen einmaligen schöpferischen Wurf des Künstlers darstellt, der sich tendenziell vom Autor als seinem Schöpfer löst, erweist sich die Existenz von Bearbeitungen als äußerst problematisch: Müßte die Bearbeitung die Autonomie eines Kunstwerks nicht eigentlich grundsätzlich in Frage stellen?
Auch im 20. Jahrhundert, das die Tradition des romantischen Künstlerbegriffs im wesentlichen ohne Bruch fortsetzt, wird die vom Komponisten selbst unternommene Bearbeitung eines Werkes stets mit kritischer Aufmerksamkeit zur Kenntnis genommen. War das Bedürfnis nach Revision Folge der Erkenntnis unzureichender Ausarbeitung, ja gar das Eingeständnis eines Irrtums? Oder war es die legitime Anpassung an aktuelle Ästhetik, wie sie insbesondere für die epochenabhängige Kunstform Oper erforderlich erscheinen mag?

Paul Hindemith hatte von Mitte der 1930er Jahre an – also zeitgleich mit seiner Beschäftigung mit Musiktheorie und Kompositionslehre, die

---

[1] Man denke etwa an die Parodietechnik in der Musik des Barock.
[2] Ebenso wie Bearbeitungen vermochte auch die Existenz von Skizzen das Bild vom intuitiv schaffenden Genie zu erschüttern.

1937 in der Veröffentlichung der *Unterweisung im Tonsatz* einen ersten Höhepunkt erreichte – damit begonnen, einige seiner früheren Werke *einer gründlichen Neubearbeitung zu unterwerfen*[3]. Dazu gehörte neben dem 1922/23 komponierten Liedzyklus *Marienleben*, dessen 1948 veröffentlichte Neufassung ein programmatisches, auf die *Unterweisung im Tonsatz* direkt verweisendes Vorwort begleitete, auch die Oper *Cardillac* von 1926. Die Neufassung wurde 1948 in Angriff genommen und erlebte 1952 in Zürich ihre Uraufführung. Die bearbeiteten Werke stießen auf teilweise heftige Kritik. Hindemith wurde vorgeworfen, mit den Neubearbeitungen hinter den eigenen kompositorischen Errungenschaften zurückgeblieben zu sein, die tonale Radikalität der Werke aus den 1920er Jahren zugunsten einer eingängigeren, geglätteten musikalischen Sprache zurückgenommen zu haben[4]. Man berief sich dabei auch auf die in der *Unterweisung im Tonsatz* unternommene Systematisierung von Harmonik und Melodik, deren Verankerung in der Tonalität Anfang der 1950er Jahre als nicht mehr zeitgemäß betrachtet und dementsprechend angefeindet wurde. Daß der Plan, *Cardillac* einer Neubearbeitung zu unterziehen, zunächst allerdings weniger aus musiktheoretischen als vielmehr dramaturgischen Überlegungen heraus entstand, wird aus der Entstehungsgeschichte des *Cardillac II* deutlich.

Im September 1948 hörte Hindemith in Venedig nach über einem Jahrzehnt zum ersten Mal wieder seinen *Cardillac*. Über die Wiederbegegnung mit seinem Werk berichtete er dem Mainzer Verleger und Freund Willy Strecker: *Cardillac in Venedig hatte, musikalisch wenigstens, eine*

---

[3] Brief vom 5. Januar 1949 an Willy Strecker. Dieser und alle weiteren Briefe werden nach den im Hindemith-Institut, Frankfurt/M. befindlichen Kopien des Briefwechsels Hindemith–Schott-Verlag zitiert.

[4] *Die freilaufende Dissonanz seines Werkes in den zwanziger Jahren [...] machte in den dreißiger Jahren einer beinahe selbstverleugnenden Entschlossenheit Platz, die Dissonanz im Interesse strukturalen Zusammenhangs an die Kandare zu nehmen.* Vgl. Glenn Gould, *Hindemith: Kommt seine Zeit? Wieder?*, in: Ders., *Von Bach bis Boulez. Schriften zur Musik I*, München 1986, S. 220.

gute Aufführung und großen Erfolg. [...] Die Musik hat sich ganz gut gehalten. Die meisten Stücke sind noch genießbar, so daß mit verhältnismäßig geringfügigen Änderungen die Partitur musikalisch zu retten wäre. Leider ist allerdings der Text so idiotisch, daß man, um das Stück für die Zukunft lebensfähig zu machen die Handlung vollständig umändern müßte. Auch das ließe sich machen und ich wüßte auch, wie - aber wo soll man die Zeit hernehmen, alle Pläne auszuführen![5] Wenige Wochen später kündigte Hindemith an: *Ich habe beschlossen, den alten Cardillac zu einer brauchbaren Oper umzuarbeiten, und in der neuen Form würde man ihn in Zürich Ende März aufführen. Ich habe mit den Änderungen schon angefangen. In der Musik würden sich etwa drei Nummern gänzlich, einige andere teilweise ändern, aber im wesentlichen würde die Oper bestehen bleiben.*[6] Bereits zu diesem frühen Zeitpunkt beabsichtigte Hindemith, den Text vollständig neu zu fassen: *Die Handlung wird großenteils, die Worte werden vollständig* [Hervorhebung im Original] *geändert.*[7] Ludwig Strecker trat daraufhin mit Ferdinand Lion, dem Librettisten der Erstfassung, über die rechtlichen Bedingungen einer Umarbeitung in Verhandlung.

Sowohl Willy als auch Ludwig Strecker waren von der Idee einer Umarbeitung des *Cardillac* von Beginn an sehr angetan. Mehrfach betonten beide, wie wichtig es sei, daß gerade diese Oper den Erfordernissen moderner Dramaturgie angepaßt ist, um weiter als zeitgenössische Oper Erfolg auf der Bühne haben zu können. Willy Strecker reagierte auf Hindemiths Ankündigung: *Vielleicht ändere ich demnächst den ganzen Cardillac um, Text und (teilweise) Musik. Ideen sind angelangt!!*[8], mit großer Erwartung: *Besonders gespannt bin ich auf den neuen Cardillac, den ich hoffentlich bei meiner Rückkehr kennen lernen werde. Ich glaube einen schönen Erfolg im Voraus versprechen zu können, da das*

---

[5] Brief vom 16. September 1948 an Willy Strecker.
[6] Brief vom 15. November 1948 an Ludwig Strecker.
[7] Ebd.
[8] Brief vom 7. November 1948 an Willy Strecker.

allgemeine Interesse an diesem Werk sehr groß ist.[9] Ludwig Strecker, der zur Librettogestaltung des ersten *Cardillac* maßgeblich beigetragen hatte, äußerte seine Zufriedenheit über Hindemiths Umarbeitungspläne: *Ich hätte nie gewagt zu hoffen, daß die Umarbeit des CARDILLAC noch einmal zur Tat würde, geschweige denn jetzt und in dieser kurzen Zeit. Du kannst Dir denken, wie sehr ich auf das Ergebnis gespannt bin. Mein geliebter Cardillac und nun noch besser - das ist ja gar nicht auszudenken.*[10]

Die erste Euphorie schwand in den nächsten Monaten vor allem auf seiten des Komponisten; seine Absicht, die neugefaßte Oper bereits im Frühjahr 1949 in Zürich aufführen zu lassen, scheiterte: *Die Zürcher wollten sie im März herausbringen, aber im Lauf der Verhandlungen, in denen ich ihnen die Kosten für die schnelle Herstellung aufbrummen wollte (über die sie sich ja mit Euch irgendwie hätten einigen können) bekamen sie kalte Füße [...]. Nun schreibe ich das Stück in Ruhe für mich allein fertig, und wenn Du im März wiederkommst, kannst Du, wenn Du willst, Dir über seine Verwendbarkeit den Kopf zerbrechen.*[11] Ohne das direkte Ziel einer Aufführung der neuen Fassung begann die Arbeit an der Oper zu stocken; Gertrud Hindemith berichtete auf Anfragen Willy Streckers am 20. März 1949: *Cardillac ruht jetzt, Paul hat gerade ein Horn-Konzert fertig gemacht, zur Erholung.* Schließlich teilte Hindemith dem Verleger, der sich immer wieder nach dem Fortgang der Arbeit am *Cardillac* erkundigte, am 18. Juli 1949 mit: *Den Gedanken, den Cardillac umzuarbeiten habe ich wieder aufgegeben. Seitdem ich die Reaktionen gelesen habe, die aus Deutschland nach den bisherigen Ueberarbeitungen erschienen, habe ich die Lust daran verloren. Nicht dass mich das daemliche Geseiere sehr beruehrte, aber da die Bearbeitung ja doch nur gemacht werden wuerde ohne allzu starken Drang und um*

---

[9] Brief vom 12. November 1948 an Paul Hindemith.
[10] Brief vom 26. November 1948 an Paul Hindemith.
[11] Brief vom 6. Januar 1949 an Ludwig Strecker.

einem zwar oeffentlich aber kaum privat gefuehlten Beduerfnis zu genuegen, sehe ich nicht ein, warum ich doch nur Stoff den Gesellen geben soll, denen Qualitaet ueberhaupt nichts gilt und denen jeder Versuch danach weiter nichts ist als was der Baum fuer den Hund.[12] Hindemith betrachtete die Neufassung des *Cardillac* demnach nicht als ein dringliches Problem: Das Bedürfnis, diese Oper *für die Zukunft lebensfähig zu machen*[13], stand hinter dem Engagement für andere, neue Kompositionen, vor allem für seine neue Oper, die zu jenem Zeitpunkt im Entstehen begriffene *Harmonie der Welt*, zurück. Lediglich »für die Schublade« mochte er offensichtlich nicht komponieren.

Die Umstände, die Hindemith dazu bewogen haben, das Projekt einer Neufassung des *Cardillac* dann doch wieder aufzunehmen, lassen sich nicht eindeutig rekonstruieren; es wäre jedoch denkbar, daß die Verleger, denen offensichtlich viel an einer Neufassung der Oper gelegen war, den Komponisten bei den 1950 erfolgten direkten Zusammentreffen während seines Aufenthalts in Europa dahingehend beeinflußten. Fest steht, daß Hindemith Anfang Juli 1950 wieder mit der Arbeit am Text des *Cardillac* begann[14].

Nachdem die Arbeit an der Neufassung im Herbst 1952, also erst Monate nach der im Juni 1952 erfolgten Uraufführung in Zürich, zunächst endgültig abgeschlossen war, erfuhr die Oper im Jahre 1961 eine letzte Umarbeitung. Hindemith hatte sich in jenem Jahr nach längerer Zeit wieder einmal intensiver mit *Cardillac* auseinandergesetzt[15] und empfand die Gestaltung des Duetts Sängerin–Cardillac (Nr. 16) im Finale des dritten Ak-

---

[12] Brief vom 18. Juli 1949 an Willy Strecker.
[13] Brief vom 7. November 1948 an Willy Strecker.
[14] Vgl. die Vermerke am 10. und 12. Juli 1950 in Gertrud Hindemiths Taschenkalender sowie die Eintragung in Hindemiths Kalender zum selben Zeitpunkt: *Cardillac Text umgearbeitet.*
[15] Am 2. Juni 1961 leitete Hindemith eine Aufführung des *Cardillac* in der Neufassung als Gastdirigent im Stadttheater zu Freiburg i. Br. Zuvor hatte er die Oper erst einmal dirigiert: Im Dezember 1956 wurde sie unter seiner Leitung in Wien vom Österreichischen Rundfunk aufgenommen.

tes offenbar nicht mehr befriedigend. So komponierte er das Duett komplett neu, wobei der Text unverändert blieb. In dieser nun endgültigen Version wurde die Oper im Dezember 1961 in Hamburg aufgeführt.

Hindemith hat die Aussage seiner Oper *Cardillac* nicht allein mit Hilfe der vollständigen Umarbeitung des Lionschen Librettos modifiziert. Ebensolchen Anteil an den Veränderungen haben die für die Zweitfassung neu komponierten Teile, insbesondere das Duett Nr. 16, das als Abschluß des dritten Aktes nun gleichzeitig den Kulminationspunkt der gesamten Oper bildet. Um herauszustellen, welche Bedeutung dem Duett im Kontext der Oper zukommt, ist es notwendig, einigen wesentlichen Veränderungen auf den Grund zu gehen, die Hindemith am *Cardillac* vornahm. So können sich auch die Beweggründe erschließen lassen, die zur Bearbeitung des Duetts im Jahre 1961 geführt haben.
Die wichtigste Voraussetzung für die dramaturgische Neugestaltung des *Cardillac*-Librettos bestand in der Veränderung von Cardillacs Charakterzügen. Der Goldschmied Ferdinand Lions ist ein zu sozialen Kontakten und zwischenmenschlichen Regungen unfähiger Mensch, der in einem rauschähnlichen Zustand nur für seine Kunst lebt. Mit seinen Mitmenschen tritt er nur scheinbar in einen Dialog, wenn sie mit ihm sprechen; zu wirklicher Auseinandersetzung kommt es nur dann, wenn er den Verlust eines seiner Schmuckstücke befürchten muß[16]. Sein Handeln begreift er nicht als schuldhaft. Die Erkenntnis, daß er tötet, um seine Schmuckstücke wieder zu sich zu holen, ist nicht verknüpft mit dem Eingeständnis, damit etwas Unrechtes zu tun[17]. Der monoma-

---

[16] Auffällig sind die Unterschiede in den Dialogen mit der Tochter (II. Akt, Nr. 10) einerseits und mit dem Offizier andererseits (II. Akt, Nr. 12). Vgl. dazu Paul Hindemith, *Cardillac* (Textbuch der Erstfassung), Mainz 1926, S. 18ff.
[17] So signalisiert Cardillacs Aufschrei *Ich hätte ihn ermordet! Er hätte sterben müssen!* im dritten Bild (II. Akt, Nr. 11), die Erkenntnis also, daß er den König getötet hätte, wenn dieser tatsächlich ein Schmuckstück gekauft hätte, nicht plötzliches Entsetzen vor der Untat, sondern bekräftigt die Entschlossenheit, mit der Cardillac sein *Geliebtestes*, sein *Holdes* zu beschützen bereit ist. Vgl. Textbuch der Erstfassung, S. 22.

ne Charakter Cardillacs verhindert, daß er als wirklich handelnde, aktive Person auf der Bühne erscheint. Zwar bedingt er durch sein Morden das dramatische Geschehen; doch steht er selbst gleichsam wie ein erratischer Block inmitten des eskalierenden Bühnengeschehens. Versuche anderer Personen, ihn in die Handlung einzubeziehen, greifen stets ins Leere und nehmen den Personenkonstellationen damit die Dramatik[18].
Cardillacs Unfähigkeit zu sozialen Kontakten ist in der Zweitfassung deutlich abgemildert. Hindemith symbolisiert dies nicht nur durch die unauffällige, aber bedeutsame Änderung der Personenbezeichnungen. Aus *Die Tochter* in der ersten Fassung wird nun *Seine Tochter*, und anstatt des Goldhändlers, dessen Rolle gestrichen wurde, greift Hindemith für die zweite Fassung auf die Hoffmannsche Figur *Sein Gesell* zurück, den Cardillac, wie aus dem Text hervorgeht, als Waisenkind bei sich aufgenommen hat. Der Cardillac von 1952 zeigt sich darüber hinaus auch ansatzweise interessiert an der Schwärmerei des Kavaliers für die Sängerin der Oper (I. Akt, Nr. 3). Das »menschlichere« Antlitz, das Cardillac auf diese Weise verliehen wird, trägt freilich nicht nur positive Züge. So wirkt die Vehemenz, ja Hinterlist, mit der der Goldschmied eine Verbindung seiner Tochter mit dem Gesell verhindern will, äußerst befremdlich.
In einem weiteren Punkt ist die Monomanie des Lionschen Cardillac abgeschwächt. Hindemiths Cardillac erkennt den Konflikt, der zwangsläufig aufbrechen muß, wenn seine Vorstellung von Gerechtigkeit, die er im Zurückholen seines Eigentums erfüllt sieht, mit den moralischen Werten der Gesellschaft kollidiert. Daher begreift er sein Tun als Wirken von *Dämonen*[19], die ihn gefangennehmen und zum Morden treiben. Im Finale offenbart er, anders als in der Erstfassung, *erlöst, frei und fast heiter beken-*

---

[18] Indem Cardillac etwa den angekündigten Weggang der Tochter völlig ungerührt zur Kenntnis nimmt, entsteht für die Tochter, die sich entscheiden muß, ob sie beim Vater bleiben oder dem Geliebten folgen soll, kein eigentlicher dramatischer Konflikt. Vgl. Textbuch der Erstfassung, S. 19.

[19] III. Akt, Nr. 16. Vgl. Paul Hindemith, *Cardillac* (Textbuch der Zweitfassung), Mainz 1952, S. 34.

nend seine Taten: *Die Last ist endlich von mir genommen.* Gleichwohl beharrt er auf seiner Hybris: *Ja, ich bin's, der seit Monaten Gerechtigkeit übte, Auftrag vollführte, zurücknahm, richtete, strafte!*[20]. Denn auch wenn ihm bewußt ist, daß diese Morde innerhalb einer Gesellschaft zu Recht als moralisch verwerflich gelten müssen, glaubt er, als Künstler über der Gesellschaft zu stehen und daher zu solchen Taten legitimiert zu sein[21]. Damit verändern sich Ende und Aussage der Oper. Die Monomanie des ersten Cardillac und das Verharren in der Wahnwelt bis zum bitteren Ende waren dazu geeignet, ihn von einer wirklichen Schuld freisprechen zu können und ihm eine Aura von Unnahbarkeit, ja Heldenhaftigkeit zu verleihen. Starb der erste Cardillac unter den Händen der verständnislosen Menge demnach eine Art von Heldentod, so muß der Tod des zweiten Cardillac als Sühne für die Mordtaten gelten. Denn mit der »Vermenschlichung« des Cardillac wird sein Handeln moralisch verwerflich und unentschuldbar. Die Bereitschaft zum Verzeihen muß jetzt durch den Hinweis *Tragen wir nicht alle von Cardillac ein Stück in uns?*[22], durch die Einsicht in menschliche Fehlbarkeit vermittelt werden. Daß die Figur des Cardillac in der Zweitfassung zu zwischenmenschlichen Beziehungen fähig ist, bildet die Voraussetzung für die dramaturgisch wie inhaltlich bedeutsamste Modifizierung des Librettos, die Aufwertung der »Dame« zur »Ersten Sängerin der Oper«[23]. Die Dame der Erstfassung war lediglich Zeugin des Mordes am Kavalier und hatte keine

---

[20] IV. Akt, Nr. 20, Textbuch der Zweitfassung, S. 42.
[21] Vgl. IV. Akt, Nr. 20 (Textbuch der Zweitfassung, S. 42f.): *(Chor): Du hast dich gegen das Gemeinwohl aufgelehnt. – (Cardillac): Was kennen wir Allgemeineres als die Kunst? Ich habe sie verteidigt. [...] Mich trieb ein hoher Befehl, ihm mußte ich folgen. [...] Mit eurem Recht meßt ihr mein Verhalten niemals.*
[22] Textbuch der Zweitfassung, S. 44.
[23] Hindemith fühlte sich offensichtlich durch ein Detail in Hoffmanns Novelle dazu angeregt, die Figur der Sängerin in die Oper zu übernehmen: *Eben hatt ich einem Herrn vom Hofe einen reichen Schmuck abgeliefert, der, ich weiß es, einer Operntänzerin bestimmt war,* berichtet der Goldschmiedegeselle Olivier dem Fräulein von Scuderi bei seinem Bericht über das grausige Geheimnis des Cardillac. Vgl. E. T. A. Hoffmann, *Das Fräulein von Scuderi*, hrsg. von Fritz Böttger, Tübingen 1976, S. 113.

weitere Bedeutung für den Fortgang der Handlung. In der Zweitfassung dagegen übernimmt sie eine für die neue Aussage der Oper entscheidende Rolle. Sie gehört der Schauspieltruppe an, die in Cardillacs Werkstatt Schmuck für die bevorstehende Opernaufführung kaufen will[24]. Dort erkennt sie das Diadem wieder, das ihr der Kavalier geschenkt hatte. Ihr Zusammentreffen mit Cardillac am Ende des dritten Aktes bildet eine der zentralen Szenen der Oper. Hier wird deutlich, daß es allein der Sängerin vorbehalten bleiben kann, die wahren Motive für Cardillacs Handeln zu begreifen. Denn der Konflikt, der Cardillac quält und ihn zum Morden treibt, liegt in seinem Künstlerdasein begründet und kann recht eigentlich nur von einer anderen Künstlerpersönlichkeit erkannt werden.

Hindemith stellt dem Goldschmied mit der Sängerin eine seelenverwandte Antipodin gegenüber. Beide sind Künstler; sie unterscheiden sich jedoch in einem wichtigen Punkt. Cardillac repräsentiert den produzierenden, schaffenden Künstler, die Sängerin dagegen gehört dem reproduzierenden Künstlertypus an. Beide leiden an einer zunächst unerklärlichen Sehnsucht, die auf jeweils unterschiedlich fatale Weise zum Ausdruck kommt. Die Sängerin ist rastlos auf der Suche nach dem *Wesen, das mir Ergänzung ist? Das mehr an Taten, mehr an Liebe hat, das mich mit Hingabe zu Größtem hinanhebt, mich Welt und Sein und Tun überwinden läßt?*[25] Getrieben von dieser Sehnsucht, stürzt sie sich in immer neue Liebesabenteuer[26]. Cardillac seinerseits

---

[24] Mit der Figur der Sängerin motiviert Hindemith die dramaturgisch reizvolle Möglichkeit zur Inszenierung des Lullyschen *Phaéton* als »Oper in der Oper«. Das Sujet dieser Oper (die Hybris des Phaéton, der Apolls Sonnenwagen lenken will und dabei zu Tode kommt), wird dabei zum Paradigma für Cardillacs Hybris. Vgl. dazu den Beitrag von Elisabeth Schwind, *Die Künstlerproblematik in Hindemiths »Cardillac«*, in: Hindemith-Jahrbuch 1993/XXII, S. 97–132.

[25] Diese Frage stellt die Sängerin zu Ende des ersten Aktes, kurz bevor der Kavalier erscheint und ihr das Diadem überreicht. Vgl. das Textbuch der Zweitfassung, S. 9.

[26] Über diese Sehnsucht und Trauer, wie sie die Sängerin in *Cardillac* verspürt, schreibt Hindemith auch in *Komponist in seiner Welt*, (Cambridge/Mass. 1952) Zürich 1959, S. 179: *Das Gefühl des Aufführenden, niemals für seine altruistischen Gaben auch nur die geringste Kompensation von ähnlichem moralischem Werte zu erhalten, muß zur Melancholie führen.*

fühlt sich gelenkt von einem Willen, dem er sich nicht entziehen kann: *Als Diener rätselhafter Mächte muß ich Gold und Steine beleben. [...] Mit Angst und Tränen entsend ich euch, stets hoffend, daß ihr einst zurückkommt, heim in den Schoß des Ursprungs.*[27] Seine Sehnsucht nach dem verlorengegangenen Eigentum läßt sich nur durch das Morden stillen. Bei ihrem Zusammentreffen erkennen Sängerin und Cardillac, daß die Ausschließlichkeit ihrer jeweiligen Kunstausübung ein Defizit darstellt, das zu dieser unerklärlichen Sehnsucht führt:

Sängerin:
Ich, die bei allem Können stets am Äußerlichen haften bleibt, der augenblicklicher Erfolg das große Ziel alles Strebens ist? Als ich euch plötzlich auf der Bühne sah, verstand ich alles: ich sah das Niegeschaute. Schöpfergeist unbändig; blutende Magik der Kunst; Erwürgen des Profanen; Mut, alleinig zu besitzen: das, was mir in Sein und Schaffen mangelt.
Cardillac:
Ich, dem keine Kunst verschlossen, der nur auf endlosen Umwegen deutlich wird, der andere haßt um des Glücks, das er ihnen gibt, dessen Liebe würgende Wehmut ist. Als ich euch heut zum erstenmal hörte, wußte ich alles: ich sah das Niebegriffne. Schweres tun mit leichtem Sinn; ausschütten ohne Sieb und Waage; ohne Reue zu geben; verbluten für des Nächsten Seligkeit: das, was mir in Sein und Schaffen mangelt.
Sängerin (sich zu großer Begeisterung steigernd):
Unsre Lose müssen sich zu einem einzigen verbinden, daß sich beider wuchernder Reichtum mit beider nackter Armut paare, so das Vollkommene, das dem einzelnen verwehrt, erzeugend.
Cardillac (angeregt durch ihre Begeisterung sich ebenfalls steigernd):
Schwächen sich einander helfend wegzuziehn, fördern alles Starke; trübes Grauen liebend verscheuchen, damit frei und unverkrampft sich offenbare:

---

[27] II. Akt, Nr. 7, Textbuch der Zweitfassung S. 11.

Sängerin und Cardillac (in einträchtigstem Gleichklang):
Wissen, endlos erneut, und Können ohne Maß, unwiegbare Freuden.
Sängerin:
Das uns überwachsend Vollkommene, ein niemals enttäuschender Phaeton, die Sonne meisternd.
Cardillac:
Das sei unser Los. Dann entwinden sich Dämonen, aller Schleier enthüllt sind wir.
Sängerin:
Jetzt erst beginnt das Leben, nach neuer weiser Geburt.
Sängerin und Cardillac:
Solcher Gift müssen wir würdig sein.
Sängerin (sie breitet jubelnd die Arme aus, ihn zu empfangen):
Cardillac!
Cardillac (er, bereit, sich ihrem Überschwang zu überlassen und sie zu umarmen, wird plötzlich von einem Gedanken gepackt. Er greift nach dem Tischchen – der Offizier war kurz vorher aus dem Dunkel getreten und hat sich heimlich mit der Krone davon gemacht – und stößt heiser, fast grunzend hervor):
Wo ist mein Eigentum?
(Nach kurzer Pause, drohend und voll Entsetzen):
Wer war hier? –
(und rennt wie besessen und besinnungslos ab.)
Sängerin (schnell begreifend und in tödlicher Enttäuschung fast weinend):
Cardillac!

Die Gegensätze zwischen produzierendem und reproduzierendem Künstlertum und ebenso das aus dem jeweiligen Künstlerdasein erwachsende spezifische Problem sind evident: Das Kunstwerk des Produzierenden ist Eigentum des Künstlers, er schuf es sich aus eigener Kraft. Seine Kunstwerke verkaufen oder weggeben zu müssen, bedeutet das Recht an ihnen zu verlieren und keinen Einfluß mehr auf sie zu haben. Der Reproduzierende hingegen hat per se keinen Besitz an seinem Werk; darüber hinaus muß er – und für den Bereich des Gesangs gilt dies im wahrsten Sinne des Wortes – etwas »von sich geben«, wenn er überhaupt künstlerisch tätig sein will. Der Reproduzierende beneidet den Schaffenden um die Kreativität, die Fähigkeit, aus Material Eigenes herzustellen; umgekehrt beneidet der Schaffende die Leichtigkeit, mit der der Reproduzierende sich von seinem Werk trennen kann.

Durch das direkte Aufeinandertreffen der beiden Protagonisten im Finale des III. Aktes werden der Sängerin und auch Cardillac selbst nicht nur die wahren Motive für dessen zwanghaftes Morden offenbart; mehr noch: Es wird deutlich, daß allein die Sängerin in ihrer Eigenschaft als reproduzierende Künstlerin dazu in der Lage sein kann, Cardillacs Besitzanspruch gegenüber seinem Werk zu respektieren[28]. Da sie sich gleichwohl der fatalen Folgen von Cardillacs Handeln bewußt ist, versucht sie, ihn davon zu überzeugen, daß die Verbindung ihrer beider Künstlernaturen *das Vollkommene, das dem einzelnen verwehrt*, erzeugen und damit auch die Morde verhindern kann. Dieser Versuch ist jedoch zum Scheitern verurteilt; Cardillac läßt sich zwar kurzzeitig dazu hinreißen, der Utopie der Sängerin von einer Verbindung der beiden Kunstausübungen zu folgen, doch als er bemerkt, daß das Diadem erneut verschwunden ist, stürzt er wieder wie besessen dem Dieb nach. So bleibt die kurz aufscheinende Einsicht in die moralische Verwerflichkeit seiner Taten ebenso wie die Hoffnung auf Erlösung im Visionären verhaftet und weicht dem Wahn, einer höheren Gerechtigkeit dienen zu müssen[29]. Am Ende stirbt Cardillac, ohne die während des Duetts gewonnene Einsicht noch einmal wiederzuerlangen, geschweige denn sie in Handeln umsetzen zu können.

Das Ausmaß der Unterschiede zwischen der Duettfassung von 1952 und der des Jahres 1961 läßt darauf schließen, daß Hindemith nicht nur kosmetische Veränderungen im Sinne hatte, als er sich an die Bearbei-

---

[28] Mit den Worten *Nur dem gebührt die Krone, der sie erschuf*, gibt sie Cardillac nach Ende der Lully-Oper (III. Akt, Nr. 15) den Schmuck wieder zurück; vgl. Textbuch der Zweitfassung, S. 33.
[29] Textbuch der Zweitfassung, S. 42.

tung des Stücks machte. Tatsächlich deutet manches darauf hin, daß die Veränderungen auch eine interpretatorische Modifikation beinhalten und die Kernaussage der Oper damit verschieben.
Beiden Duettfassungen gemeinsam ist lediglich die großangelegte Zweiteilung, die ihrerseits durch die Anlage des Textes bestimmt wird. Der erste Teil (A), der die beiden Bekenntnisse von Cardillac und Sängerin umfaßt, setzt sich durch seinen rezitativischen Charakter deutlich vom zweiten, ariosen Abschnitt (B) ab, der in beiden Fassungen mit den Worten der Sängerin: *Unsre Lose müssen sich zu einem einzigen verbinden* beginnt.
In der Fassung von 1952 setzte Hindemith die Bekenntnisse von Sängerin (Takt 1–24) und Cardillac (Takt 25–47) musikalisch eng zueinander in Beziehung. Die Orchesterbegleitung dieser beiden Abschnitte des A-Teils ist sowohl melodisch als auch bezüglich der Instrumentierung identisch; die Phrasen unterscheiden sich lediglich in der Tonhöhe (Cardillac singt seine Partie einen Ganzton tiefer als die Sängerin). Geringfügige Modifikationen in Cardillacs Gesangslinie ergeben sich durch die unterschiedliche Silbenzahl der von ihm zu singenden Worte. So wird die Passage ab *Schweres tun mit leichtem Sinn* (Takt 42ff.) melodisch bewegter als die Parallelstelle der Sängerin. Hindemith hat dabei die Gelegenheit ergriffen, diese geringfügigen Veränderungen interpretatorisch zu nutzen. Das Wort *Reue* sowie die Passage *verbluten für des Nächsten Seligkeit* (Takt 44ff.) erhalten durch größeren Ambitus und differenziertere Akzentuierungen eine Emphase, die der Parallelstelle der Sängerin (Takt 21ff.) fehlt. Diese kleinen Unterschiede schmälern allerdings nicht den grundsätzlichen Eindruck von Übereinstimmung zwischen Sängerin und Cardillac, den der parallele Aufbau der beiden Abschnitte vermittelt. Beide Protagonisten erkennen durch das Aufeinandertreffen mit ihrem Gegenüber ihre eigenen Probleme und fühlen sich durch das Geständnis ihrer tiefsten Sehnsüchte innig miteinander verbunden.
Der mit Takt 48 einsetzende B–Teil erweckt zunächst den Eindruck, als

sei die gedankliche Einheit zwischen Cardillac und Sängerin unumkehrbar, als könne Cardillac demnach tatsächlich aus dem fatalen Kreislauf seines zwanghaften Mordens herausgerissen werden. Wieder beginnt die Sängerin mit einer musikalischen Phrase (*Unsre Lose müssen sich zu einem einzigen verbinden*), deren Melodie Cardillac ab Takt 61 fast wörtlich, lediglich um eine kleine Terz versetzt, wiederholt. Musikalisch wird dabei bestätigt, daß Cardillac, wie das Libretto es vorschreibt, *angeregt durch ihre Begeisterung sich ebenfalls steigernd*, die Leidenschaft der Sängerin aufgreift: Der Grad der Erregung, die die Musik während des Gesangs der Sängerin sukzessive aufgebaut hatte, wird mit Cardillacs Einsatz nicht mehr zurückgenommen. Der Orchestersatz, der seine Melodie begleitet, ist erkennbar lebhafter und reicher instrumentiert, zudem unterstützen tiefe Streicher und Holzbläser die emphatische Kantilene des Solisten. Im weiteren Verlauf des B-Teils verschmelzen Cardillac und Sängerin immer mehr zu einer Einheit und gelangen *beide in einträchtigstem Gleichklang* bis zum Unisono (ab Takt 72). Für kurze Zeit übernimmt sogar Cardillac die Initiative: Sein Einwurf *Das sei unser Los* (Takt 76ff.) besteht aus zuvor noch nicht in Erscheinung getretenem melodischem Material.

Formal ist der B-Teil in vier Abschnitte gegliedert: Die durch die Sängerin exponierte Kantilene (Takt 48–60) wird zunächst von Cardillac (Takt 61–70), dann von beiden zusammen im (nicht durchgehend beibehaltenen) Unisono wiederholt (Takt 72–87) und dabei jeweils leicht variiert. Diese drei Abschnitte durchpulst eine stetige lebhafte Achtelbewegung, die von einem fast durchgängigen rhythmischen Ostinato unterstützt wird, das dem gesamten B-Teil zusätzliche Energie verleiht:

Notenbeispiel 1

Der letzte, wesentlich kürzere Abschnitt des B–Teils greift auf ein Motiv zurück, das bereits ganz zu Beginn des Duetts von den Celli exponiert worden war:

Notenbeispiel 2

Im rezitativischen A–Teil diente dieses Motiv als ostinate Begleitung und bildete gleichzeitig die melodische Linie für die Worte *Ich sah das Niegeschaute* (Sängerin, Takt 16ff.) bzw. *Ich sah das Niebegriffne* (Cardillac, Takt 39ff.). In veränderter Form erklingt das Motiv nun zu Beginn des B–Teils und schafft so eine zusätzliche musikalisch–inhaltliche Verbindung zwischen beiden Abschnitten:

Notenbeispiel 3

Im weiteren Verlauf des B–Teils durchschlägt das Motiv in dieser energischeren Variante noch viermal den immer ekstatischer werdenden Fluß des Orchestersatzes. Dabei markiert es jeweils die neuen Einsätze von Cardillac und Sängerin. Indem es schließlich (ab Takt 90) Cardillacs Zurücksinken in den Wahn begleitet, wird nachträglich bestätigt, was die mehrfachen Einbrüche in den Orchestersatz bereits vermuten ließen: Cardillacs Einigkeit mit der Sängerin ist auch in Momenten der scheinbar größten Übereinstimmung durch den immer wieder hervorbrechenden Wahn äußerst gefährdet und letztlich nicht von Bestand. Die Illusion, daß sich der Goldschmied aus dem Teufelskreis zwanghaften Mordens doch befreien könnte, wird mit dem letzten Ausbruch endgültig zerstört. Der Rückgriff auf das Motiv in seiner ursprünglichen Form ganz zum Schluß des Duetts (Takt 94f.) erscheint nach der Ekstase des B-Teils wie eine Reminiszenz an die visionäre Einheit, die Sängerin und Cardillac kurze Zeit bildeten, und an die Möglichkeiten für Cardillacs Erlösung, die diese Verbindung hätte bieten können.

Bereits ein erster vergleichender Blick auf die beiden Fassungen von 1952 und 1961 zeigt, daß Hindemith das Duett in seiner musikalischen Anlage grundlegend verändert hat. Die Melodien sind in der zweiten Fassung weit weniger diastematisch, sondern freier und bewegter angelegt. Konstitutiv für den A-Teil des Duetts ist nun nicht mehr jenes von den Celli exponierte elegische Motiv, das auch Verbindung zum B-Teil schuf, sondern eine weitaus sprödere Figur, deren Duktus den rezitativischen Charakter des A-Teils zusätzlich hervorhebt:

Notenbeispiel 4

Auch die in der ersten Fassung deutlich ausgearbeiteten binnenmusikalischen Strukturen hat Hindemith zugunsten eines freieren Aufbaus aufgegeben. Im Gegensatz zur Erstfassung sind die Bekenntnisse von Sängerin und Cardillac, die den A-Teil beherrschen, nun nicht mehr parallel angelegt. Zwar bleiben in den Gesangslinien einige Übereinstimmungen bestehen (vor allem bei den Texten *Ich sah das Niegeschaute* bzw. *Ich sah das Niebegriffne*), doch variiert Hindemith die Orchesterbegleitungen der beiden Abschnitte erheblich. So wird etwa Cardillac bei den Worten *dessen Liebe würgende Wehmut ist* (Takt 33ff.) von vierfach geteilten Celli mit einem Motiv begleitet, das während des gesamten Duetts nicht mehr vorkommt und auch aus keinem anderen ableitbar ist. Hindemith deutet damit an, daß Cardillacs Leiden doch nicht mit dem der Sängerin vergleichbar ist; die Kompatibilität zwischen Sängerin und Cardillac, die die musikalische Gestaltung der Erstfassung an dieser Stelle nahelegte, ist hier nicht vorhanden. Aus diesen Beobachtungen läßt sich bereits erkennen, was im weiteren Verlauf des B-Teils bestätigt wird: Cardillacs Fähigkeit, der Vision der Sängerin von einer gemeinsamen Zukunft zu folgen, ist in der Zweitfassung wesentlich weniger ausgeprägt als in der Fassung von 1952.

Auch den B-Teil hat Hindemith erheblich freier gegliedert. Cardillac greift mit seinem Einsatz *Schwächen sich einander helfend wegzuziehn* (Takt 79ff.) zwar ebenso wie in der Erstfassung die Melodie der Sängerin auf, doch verzichtete Hindemith im weiteren Verlauf auf eine erneute Wiederholung im Unisono. Die Sängerin und Cardillac beginnen mit der Passage *Wissen, endlos erneut* (Takt 105ff.) einen Kanon, den bezeichnenderweise die Sängerin anführt. Cardillac singt hier also nur nach, was die Sängerin ihm vorsingt; er ist, so muß man weiter mutmaßen, nicht ganz »bei der Sache«. Es mangelt ihm an der festen Überzeugung, daß die Vision der Sängerin Wirklichkeit werden könnte. Noch deutlicher wird Cardillacs mangelnde Übereinstimmung mit der Sängerin bei der gemeinsam zu singenden Schlußzeile *Solcher Gift müssen wir würdig sein* (Takt 150ff.). Diese Passage, die in der ersten Fassung ebenfalls im Unisono komponiert war, ist nun nicht einmal mehr als Kanon angelegt und verdeutlicht damit Cardillacs inneren Abstand zur Sängerin.

Für die Interpretation sind zwei musikalische Motive aufschlußreich, die gemeinsam den B-Teil strukturieren und inhaltlich vertiefen. Zum ersten Mal erklingen sie zu den Worten der Sängerin *das Vollkommene* (Takt 69ff.). Die melodische Linie dieser kurzen Textpassage ist geprägt von einem emphatischen Nonensprung; gleichzeitig wird der bislang von Holzbläsern und Streichern dominierte, insgesamt recht gleichförmige Orchestersatz unvermittelt unterbrochen von einer rhythmisch akzentuierten, signalartigen homophonen Figur der Blechbläser:

Notenbeispiel 5

Gleiches geschieht bei der von Cardillac zu singenden Parallelstelle, hier zu dem Wort *frei* (Takt 95ff.). Ließe sich diese Übereinstimmung auch aus der parallelen Gestaltung der beiden Passagen insgesamt erklären, so weist die Tatsache, daß die Motive an anderer Stelle ein weiteres Mal in Erscheinung treten, doch auf einen tieferen Bedeutungszusammenhang hin. Die rhythmische Struktur des Orchestermotivs bildet die Grundlage für ein dreifaches fanfarenartiges Signal der Trompete ab Takt 150, das zu den von Cardillac und Sängerin gemeinsam gesungenen Worten *Solcher Gift müssen wir würdig sein* erklingt. Es wird im weiteren Verlauf von der Posaune und dann von den übrigen Blechbläsern aufgenommen und kulminiert ab Takt 159 in der bereits bekannten homophonen Gestalt. Gleichzeitig greift hier die Sängerin mit dem Ausruf *Cardillac!* auf das dazugehörige melodische Motiv zurück. Den Schluß des Duetts beherrscht das sich verdichtende rhythmische Orchestermotiv, lediglich unterbrochen von Cardillacs rezitativisch gestaltetem Aufschrei *Wo ist mein Eigentum? – Wer war hier?* und dem letzten, verzweifelten *Cardillac!*–Ruf der Sängerin, bei dem nochmals das melodische Motiv erklingt.

Die Kennzeichnung der drei Schlüsselbegriffe *Das Vollkommene – frei – Cardillac* durch die Musik sowie die durch die musikalische Analyse gewonnene Beobachtung, daß Cardillac sich eigentlich zu keinem Zeitpunkt wirklich auf die Vision der Sängerin einläßt, sind für die Interpretation des Duetts in der Fassung von 1961 entscheidend. Anders als in der Erstfassung läßt sich Cardillac von der Leidenschaft der Sängerin nicht vereinnahmen und geht während des Duetts eigene gedankliche Wege. Die durch die musikalische Akzentuierung aus dem Kontext hervorgehobenen Schlüsselbegriffe verraten, welchen Gedanken er nachhängt. Er betrachtet, anders als die Sängerin, die *das Vollkommene* nur mit der Vereinigung ihrer beider Künstlernaturen für erreichbar hält, tatsächlich sein eigenes Dasein als vollkommen; im Umgang mit seinen Werken nimmt er sich die Freiheit heraus, das zu tun, was er für richtig hält, und das heißt für die Opernfigur Cardillac, im Ernstfall auch zu töten: *Ich verurteile, ich allein entscheide. [...] Zu bereuen, die Pflicht steht mir nicht zu.*[30] Was seine Hybris zwangsläufig bewirken wird, machen die Fanfaren-Signale, mit deren Quartenmotiv unschwer die apokalyptischen »letzten Posaunen« assoziiert werden können, allerdings ebenso unmißverständlich deutlich: Es wird nicht irdischer Gerechtigkeit überlassen werden können, Cardillac zu richten.
Cardillac zur Umkehr zu bewegen, kann der Sängerin also im Grunde überhaupt nicht gelingen, da er nicht eigentlich willens ist, sich auf sie einzulassen. Wird Cardillac in der Erstfassung des Duetts durch seinen Wahn unfreiwillig aus der visionären Einheit mit der Sängerin wieder

---

[30] Textbuch der Zweitfassung, S. 42f.

herausgerissen, so scheint er in der Fassung von 1961 die Überzeugungsversuche der Sängerin ganz bewußt abzuwehren. Die auf der Einheit von reproduzierendem und produzierendem Künstlerleben basierende Möglichkeit der Erlösung, wie sie der Text nach wie vor suggeriert, wird von der Musik der 1961 entstandenen Fassung massiv unterlaufen und damit in den Bereich der Utopie verbannt. So steht am Ende des *Cardillac*, wie Hindemith ihn in der letzten Version der Nachwelt hinterlassen hat, der Künstler, der mit einem von Wahn gänzlich befreiten, trotzigen »Und dennoch« die Erlösung verweigert.

Theo Hirsbrunner

Paul Hindemith und Darius Milhaud
Gemeinsamkeiten und Kontraste

Die Komponisten Hindemith und Milhaud verbindet vieles, wobei auch das, was sie trennt, nicht übersehen werden darf. Sie waren miteinander befreundet und sahen sich, durch die bewegten Zeitläufte bedingt, doch nur selten. Die wenigen Briefe und Postkarten, die erhalten sind[1], stammen vom Ende der zwanziger Jahre bis zum Tode Hindemiths; sie enthalten nicht viel Substantielles über ihre ästhetischen Ansichten, sondern nur kurze Grüße, geschrieben in Eile. Daß Milhaud Hindemith sein Bratschenkonzert op. 108 widmete, wofür sich Hindemith mit seiner *Konzertmusik für Solobratsche und größeres Kammerorchester* op. 48 bedankte, stellt den nächsten Punkt nicht einer Zusammenarbeit, aber eine Auseinandersetzung auf musikalischer Ebene dar. Es handelt sich dabei nicht um eine Gemeinschaftsarbeit, wie sie während der zwanziger Jahre Mode war, um den romantischen Kult um das einsam schaffende Genie zu entmystifizieren, sondern die beiden Werke bewahren ihre Eigenart und beziehen sich doch durch die Anlage der Bratschenstimme unmißverständlich aufeinander, da Hindemith als

---

[1] Im Paul-Hindemith-Institut befinden sich sieben Briefe und Postkarten von Darius und Madeleine Milhaud an Paul und Gertrud Hindemith. Sie sind alle undatiert; der erste aber erwähnt den Tod von Serge Diaghilev, der im Jahre 1929 eintrat; die beiden letzten sind Kondolenzbriefe nach Hindemiths Tod am 28. Dezember 1963. Ein Brief von Hindemith, der aus der Zeit stammt, während der er seine Oper *Mathis der Maler* vollendete, ist mit *Paul der Musiker* unterschrieben, was spielerisch die Identifikation des Komponisten mit der Titelgestalt seines Werkes andeutet. Milhaud hat auch zwei Rezensionen in nicht näher bezeichneten Zeitungen über den in Zürich am 28. Mai 1938 uraufgeführten *Mathis* geschrieben; sie sind sehr lobend, enthalten aber keine distanzierte Auseinandersetzung mit dem Werk, was durchaus Milhauds allgemeiner Haltung seiner Umwelt gegenüber entspricht, die er ausnahmslos freundlich findet.

Solist die beiden Stücke uraufführte, das eigene am 28. März 1930 in Hamburg unter Wilhelm Furtwängler, das seines Freundes schon 1929 in Amsterdam. Zu einer Wiedergabe in ein und demselben Konzert, die sich Milhaud gewünscht hätte, kam es vorerst nicht[2]. Erst am 2. Februar 1931 spielte Hindemith die beiden Werke im selben Konzert.

Von den stilistischen Gemeinsamkeiten und Kontrasten zwischen den beiden Werken sei später die Rede. Es geht hier zuerst um die Situation nach dem Ersten Weltkrieg, in der die beiden Komponisten zu eigenständigen Persönlichkeiten heranreiften, wobei ich von Milhaud ausgehen und ihn stärker hervorheben möchte, weil seine Lage in Deutschland weniger bekannt ist als diejenige Hindemiths, welche durch viele Publikationen längst aufgearbeitet wurde[3].

Beide, Milhaud und Hindemith, zeichneten sich durch eine antiromantische Haltung aus, aber aus verschiedenen Gründen: Frankreich ging als einer der Sieger aus dem vier Jahre währenden Konflikt hervor, Deutschland war geschlagen und litt unter großen wirtschaftlichen Problemen. Die Ernüchterung nach dem mit enthusiastischem Patriotismus begonnenen Krieg hatte aber beide Völker erfaßt. In Paris wandte sich Jean Cocteau vehement gegen den Wagnerismus und Impressionismus und verlangte *eine Musik für alle Tage*[4] und nicht nur für einige erlesene Stunden und Tage, wie sie zum Beispiel die Bayreuther Festspiele anboten. Cocteaus Aphorismen sind in deutlich chauvinistischem Tone gehalten. Daß Debussy zum Beispiel auch von Mussorgsky beeinflußt worden sei, wird mit Mißbehagen vermerkt[5]. Obwohl Milhaud bis zu einem gewissen Grade von der Einfachheit und spirituellen Leichtig-

---

[2] Im zweiten erhaltenen Brief von Milhaud an Gertrud Hindemith ist davon die Rede, s. Anhang S. 143.
[3] Vgl. Giselher Schubert, *Paul Hindemith*, Reinbek bei Hamburg 1981; Andres Briner, Dieter Rexroth, Giselher Schubert, *Paul Hindemith. Leben und Werk in Bild und Text*, Zürich/Mainz 1988.
[4] Jean Cocteau, *Le Rappel à l'ordre*, Paris 1948, S. 28. Die Formulierung stammt aber von 1918 und steht in der Aphorismensammlung *Le Coq et l'Arlequin*.
[5] Cocteau, S. 26.

keit, die als typisch französisch ausgegeben wurde, angezogen war, so muß doch sofort vermerkt werden, daß er kosmopolitischer orientiert blieb. Schon während des Krieges lebte er als Sekretär von Paul Claudel in Rio de Janeiro und wurde von der brasilianischen Musik beeinflußt. Auf seinen vielen Reisen, auch nach Deutschland, dessen Komponisten er ohne Vorurteile gegenüberstand, ließ er sich von allen Seiten anregen. Unter seiner Leitung wurde am 12. Januar und 11. März 1922 sogar Schönbergs *Pierrot Lunaire* in Paris aufgeführt, was Cocteau bestimmt mißfiel, äußerte er sich doch über diesen Komponisten negativ. Auch Milhaud war mit diesem Werk an die Grenze seiner Toleranz geraten, schrieb er doch in seiner Autobiographie: *Nachdem ich das Werk mehrfach dirigiert hatte, waren meine Nerven bis zum Zerreißen überbeansprucht. Die Rezitative, die über die ganze Spannweite eines Stimmregisters mit den unerwartetsten Sprüngen und Intervallen reichten, brachten mich zur Verzweiflung. Ich faßte daher den Entschluß, als ich es auch noch in London zu dirigieren hatte, daß dies das letzte Mal sein sollte.*[6]

Als er das Werk Jahre später von Schallplatten wieder hörte, war er aber doch von der Tatsache überrascht, daß es nicht gealtert habe. Die Kritiker jener beiden Pariser Aufführungen waren sich zumeist darin einig, daß *Pierrot lunaire* ein bedeutendes, aber in seiner Ästhetik veraltetes Stück sei. Roger Désormière, der Dirigent, der seit den zwanziger Jahren viele Werke der neuen französischen Generation uraufführte, lehnte es mit den auch für Cocteau geltenden Argumenten ab: *Der »Pierrot lunaire« ist voll der Romantik, die Schönberg von den deutschen Meistern des 19. Jahrhunderts geerbt hat. [...] Es ist ein rein deutsches Werk, und man muß auch sagen, daß die Gefühlslage, von der es erfüllt ist, nichts anderes darstellt als die alte Romantik des bleichen Mondscheins, der Gespenster des Brocken und der Walpurgisnächte.*[7] Milhauds Ableh-

---

[6] Darius Milhaud, *Noten ohne Musik*, München 1962, S. 101.
[7] Jean Wiéner, *Allegro appassionato*, Paris 1978, S. 64.

nung war nicht so kraß; seine Neugierde und Freundlichkeit ließ ihn im Verlaufe seines ganzen Lebens nie allzu hart auch über das ihm vollkommen Fremde urteilen. Dasselbe galt für Hindemith, der mit dem Amar-Quartett Werke Schönbergs und Weberns spielte, obwohl er der Atonalität und später der Dodekaphonik ablehnend gegenüberstand. Aber auch Deutschland ließ sich nicht mehr von dem großen Kunstanspruch des 19. Jahrhunderts faszinieren. *Eine Musik für alle Tage*, eine alltägliche Musik schien auch dort an der Zeit: *Gebrauchsmusik*, wie sie Hindemith nannte, Laienmusik ohne Publikum, nur im kleinen Kreis aufzuführen. Damit zusammen hängt eine Hinwendung zur kleinen Form und zur kleinen Besetzung. In Frankreich frönte man einem wahren Kult der Diminutive; beliebte Titel waren Duettino, Sinfonietta usw. Milhaud schrieb von 1917 bis 1923 sechs kleine Symphonien für die verschiedensten Besetzungen: die vierte zum Beispiel für zehn Streicher, die fünfte für zehn Bläser und die sechste sogar für Vokalquartett, Oboe und Cello. Bei Hindemith finden wir ähnliches: Seine *Kammermusik Nr. 1* op. 24a verlangt eine große Flöte, eine Klarinette, ein Fagott, eine Trompete, Schlagzeug, ein Harmonium, ein Klavier und Streichquintett. Die anderen Werke dieser Gattung weisen alle eine variable Besetzung auf. Der Abstand zwischen symphonischer und Kammermusik wird aufgehoben. Doch hatte nicht schon Schönberg in seiner Kammersymphonie op. 9 und gerade in *Pierrot Lunaire* diese Tendenz vorweggenommen? Geht man nicht von ästhetischen Kriterien aus, so erscheint der Bruch, den der Erste Weltkrieg bedeutete, gar nicht so groß.

Das Mißtrauen gegen das *Enorme*[8], wie es Cocteau nannte, führte zu einer Bevorzugung der *schlechten* Musik[9]. Auf alle Fälle aber erscheint die untere Musik, soweit sie sich als eine solche bekennt, meist in kleinen Formen. Die Instrumente sind austauschbar, der Komponist

---

[8] Cocteau, S. 14.
[9] Cocteau, S. 21.

paßt sich den momentanen Möglichkeiten an, da er nicht mehr für eine (bessere) Zukunft oder sogar für die Ewigkeit schreibt. Nun ist es merkwürdig zu sehen, daß sowohl Frankreich wie auch Deutschland die aus Amerika kommenden Anregungen bereitwillig aufgriffen. Die konservativen Patrioten beider Länder konnten nicht verhindern, daß Hindemith und Milhaud Rhythmen der Schwarzen aus Übersee in ihre Werke einbauten. In Deutschland blieb aber die Kluft zwischen der hohen und der niederen Musik immer tiefer als in Frankreich. Gerade deshalb wirken Hindemiths Songs und Foxtrotts aggressiver als die Milhauds, der in Hammersmith, einem Londoner Vorort, zum erstenmal Jazz-Musik gehört hatte. Nachdem er das Treiben der jungen Leute im Tanzlokal liebevoll geschildert hat, macht er die bezeichnende Bemerkung: *Hier in dieser neuen Musik war die Anwendung des Klangs äußerst subtil gehandhabt. Das Auftreten des Saxophons, das aus Träumen die Essenz preßt, oder der Trompete mit ihrem abwechselnd dramatischen oder schmelzenden Charakter, der oft in ihren obersten Registern gespielten Klarinette, der lyrischen Behandlung der Posaune, die in ihrem leicht-berührenden Gleiten über Vierteltöne in Crescendos von Volumen und Tonlage das Gefühl vertieft: all dies war so mannigfaltig und doch nicht verwirrend.*[10]

Milhaud empfand den Jazz nicht als lärmend und chaotisch, sondern in seinen Klangfarben nuanciert und durch den Pulsschlag des Rhythmus geregelt. Auch die Synkopen seien nur durch langes Üben in der richtigen Form zu realisieren. Deshalb war es auch möglich, daß diese Musik aus dem, was man pejorativ als Subkultur bezeichnen möchte, in die höheren Gesellschaftsschichten Frankreichs aufsteigen konnte. Oder die vornehme Gesellschaft stieg »hinunter« in die Bars, um das Klavierduo Jean Wiéner–Clément Doucet zu hören. Seine Programme begannen meist mit J. S. Bach oder Mozart, um dann zu Songs und Schlagern überzugehen[11].

---

[10] Milhaud, S. 93f.
[11] Wiéner, S. 147 und passim. Wiéner und Doucet spielten ihre Programme auch in den besten Sälen der alten und der neuen Welt.

Bei Hindemith finden wir oft dieselbe Koexistenz von »barbarischer« und edel gefühlvoller Musik. Das eine schloß das andere nicht aus; beides war im Grunde nicht ganz »wörtlich« zu nehmen. Freude, Musizierlust, aber auch die Mimik und die Gestik der Instrumentalisten und Sänger gehörten zum »Spiel«. Nicht von ungefähr bemerkt Désormière in einem späteren, hier nicht wiedergegebenen Abschnitt seiner Kritik des *Pierrot Lunaire*, daß das Orchester während der Aufführungen in Deutschland hinter einem Wandschirm gespielt habe, wahrscheinlich um den musikalischen Eindruck nicht zu beeinträchtigen. Doch Milhaud sowohl wie Hindemith wollten das Publikum desillusionieren, es sollte die Musik nicht mehr gleichsam »von oben« gläubig empfangen.

Mit der kleinen Form und dem kleinen äußeren Aufwand, der zur »leichten« Musik führte, verband sich eine Hinwendung zur additiven Reihung von Stücken, die veränderbar war und eine freie Auswahl einzelner Sätze erlaubte. Die *Saudades do Brasil* von 1920 bis 1921 wurden von Milhaud als Tanzsuite bezeichnet. Sie wirken aber schon bald unbedeutend, wenn man alle hintereinander hört, während einzelne Stücke durchaus ihren Reiz haben. *Le Boeuf sur le toit* von 1919, auch auf südamerikanische Melodien, ist in Rondoform komponiert, wirkt aber gerade durch seine ständigen Wiederholungen des Ritornells besonders suggestiv. Der Hörer steht im Banne einer Monotonie, die jedes Werden und Entwickeln, wie es die deutsche Musik der Romantik kultivierte, bewußt ausschlägt. Von hier ist es nur ein kleiner Schritt zu dem, was Milhaud Katalogmusik nennt. Die einzelnen Bilder eines Katalogs kann man schnell überblicken, zerstreut darf man in einem dünnen Heft blättern, ohne daß eine bestimmte Reihenfolge der Zeilen vorgeschrieben wäre. Die im Jahre 1919 entstandenen *Machines Agricoles* (Landwirtschaftsmaschinen) beschreiben eine Mähmaschine, einen Garbenbinder, eine Egge, eine Sä- und Grabmaschine, den Drainage-Pflug und den Heuwender. Ganz im Geiste Cocteaus war Milhaud von der Schönheit dieser Geräte entzückt. Früher hätte man sie für banal und der Kunst unwürdig gehalten, jetzt wurden sie in ihrer Alltäglichkeit und doch zugleich Absonderlichkeit zum ästhetischen Erlebnis[12]. Daß man einer aus einem solchen Anlaß entstandenen Musik nicht konzentriert zuhören muß, führte direkt zu Erik Saties *Musique d'ameublement*, die wie ein Möbelstück, halb unbeachtet, im Raum stand und doch von den Leuten mit traditionellen Hörgewohnheiten fälschlicherweise aufmerksam angehört wurde[13]. Das Beiläufige, Uneigentliche, nicht ganz Ernstzunehmende in der musikalischen Geschäftigkeit vieler Werke Hindemiths aus jener Zeit rechnete auch mit einem Publikum, das zerstreut die Musik aufnahm. Der Komponist verzichtete auf die früher herrschende Klangmagie und schrieb statt »Ich-Musik« »Es-Musik«, die unprätentiös nur Vergnügen bereiten wollte[14]. Frankreich war auf diese Tendenz besser vorbereitet als Deutschland; schon Fauré, Debussy und Ravel hatten unterhaltende Stücke geschrieben, während sich die komplexen Strukturen der deutschen Musik nicht dazu eigneten, gelöste Heiterkeit zu verbreiten. *Der Rosenkavalier* von Richard Strauss oder die Serenade op. 24 von Schönberg schlagen zwar einen leichten Ton an, und Hindemith ist oft hemdsärmelig ausgelassen, doch die durch das künstlerische Gewissen diktierte Seriosität des Metiers hindert den Hörer an einem unbefangenen Genuß dieser Musik. Vor allem Hindemith merkt man die Anstrengung an, die notwendig war, um Tabus der bürgerlichen Kultur zu brechen, während Milhaud und mit ihm Poulenc und Auric dieselbe Demontage traditioneller Werte mit Charme und Eleganz betrieben. Angewandte Musik für Filme oder Theaterstücke förderten den Verlust der musikalischen Autonomie, in der Meinung der konservativen Kreise sogar den Verlust der Würde. Doch angesichts des Elendes der Massen, die durch die Niederlage und die Inflation ausgelöst wurde, wagte in Deutschland kaum ein junger Künstler mit visionärem Ernst Erlösung durch seine Werke zu verkünden.

---

[12] Milhaud, S. 97.
[13] Milhaud, S. 96.
[14] Hermann Danuser, *Abschied vom Espressivo? Zu Paul Hindemiths Vortragsstil in den zwanziger Jahren*, in: Hindemith-Jahrbuch 1988/XVII, S. 26ff.

Etwas ganz Bestimmtes wirkte aber der drohenden Verflachung entgegen: das Studium des Kontrapunkts. Von Arthur Honegger sind in der Paul Sacher Stiftung Basel nicht weniger als 483 Übungen im Palestrina- und Bach-Stil erhalten. Ich bin nicht einmal sicher, daß es alle sind. Sie verraten ein ständiges Ringen um die melodische und rhythmische Prägnanz aller Stimmen, das mit der früheren Suche nach aparten Zusammenklängen und Farbwirkungen kontrastiert. Honegger war Schüler von André Gédalge am Conservatoire in Paris, genau so wie auch Milhaud. Beide spielten ein im Prinzip monodisches Instrument, die Geige, von der auch Hindemith ausging, um dann zur Bratsche zu wechseln. Wie unkonventionell Gédalges Unterricht war, berichtet Milhaud: *Gédalge schätzte die Methoden, die von den Fachleuten am Konservatorium gelehrt wurden, nicht. Die konventionelle Entwicklung eines Themas erschien ihm ein fragwürdiges Unterfangen, das aussah wie eine Fuge und doch keine war und das wenig mit Kontrapunkt zu tun hatte. Genau dies war Caussades Stärke, und Schüler solcher Massenproduktionen waren es, die die Preise davontrugen. Meine Arbeiten wurden von nun an von Gédalges Assistenten Eugène Cools und Alice Pelliot korrigiert. Ich machte meine Kontrapunkt- und meine Choralstudien über Bach, Übungen, die Kontrapunkt und Harmonielehre miteinander verbinden, und sobald ein Schüler einmal fähig ist, Choräle zu variieren, ergibt sich das Komponieren ganz von selber. [...] Wiener* [Jean Wiéner, ein Mitschüler Milhauds] *schlug vor, daß wir zusammen Komposition bei Gédalge nähmen, da diese Stunden so ungemein interessant seien. So arrangierte unser Meister für uns und ein paar Klassenkameraden eine Orchestrationsklasse, die unglaublich interessant war und für die er unter dem Vorwand, daß er sich selber dabei so gut unterhielte, keine Bezahlung annahm.*[15]
Entscheidend für die Musik nach dem Ersten Weltkrieg wurde die Tatsache, daß das Kontrapunktstudium aus seiner Isolation als »gelehrte

---

[15] Milhaud, S. 32.

Übung« befreit wurde und direkt mit der Komposition und Orchestration eine Verbindung einging – was auch für Hindemith zutrifft. Er kannte die Solo-Werke für Violine von J.S. Bach und Max Reger schon früh und komponierte mit einem wahren Furor kontrapunktische Stücke. Er hob diese barocke Technik aus ihrer historischen Distanz heraus und machte sie seiner rücksichtslos linearen Schreibweise dienstbar. Auch in Paris fand eine Aktualisierung dieses doch im Grunde archaischen Stiles statt, indem er mit dem Jazz verbunden wurde. Wiener musizierte zeitweise in einer Bar und lud Milhaud ein, in Abwesenheit der Gäste seinen Improvisationen zuzuhören: *Da die Gäste stets später kamen als wir und auch vor uns weggingen, fanden wir immer Zeit, noch nach Herzenslust zu musizieren. Jean Wiener synkopierte mit schwebender Leichtigkeit, und er besaß, besonders in schnellen Rhythmen, eine sensitive Klangschönheit. Wir hörten ihm ebenso gern zu wie seinem Partner, dem Neger Vance, der ein ausgezeichneter Saxophon- und Banjospieler war. Ohne Übergang wechselten diese beiden von Ragtimes zu Foxtrotts und dann zu den gefeiertsten Passagen Bachs. In der Tat verlangt synkopierte Musik, genau wie die Musik Bachs, unerbittlich gleichmäßige Rhythmen, da beide auf derselben Grundlage aufgebaut sind.*[16]

Die Bachschen Rhythmen in ihrer ständigen Bewegung, verteilt auf alle Stimmen, galten als motorisch. Heute urteilt man darüber anders. Doch noch Jacques Loussier war in seinem *Play Bach* diesem Ideal verpflichtet, wenn er das *Italienische Konzert* mit Schlagzeugbegleitung spielte. Milhaud hat vor allem in seinem Ballett *La Création du monde* (Die Schöpfung der Welt) von 1923 eine Synthese zwischen Bach und dem Jazz gefunden. Das Werk beginnt wie eine Sinfonia aus einer Kantate Bachs, doch statt der Oboe d'amore spielt das Saxophon die Hauptstimme. Schon bald mischen sich laszive Glissandi des Blechs darein, und eine Fuge über ein synkopierendes Thema geht in einer übermütigen Orgie des Schlagzeugs unter. Auch Hindemith kombinierte damals »ordinäre«

---

[16] Milhaud, S. 94f.

Stücke mit altmeisterlicher Fugentechnik, der jede Feierlichkeit und Entrücktheit fehlt.

Mit all den bis jetzt dargestellten Charakteristika einher ging eine außerordentliche Produktivität von Hindemith und Milhaud. Sie komponierten für den Tag, der keinen längeren Aufschub gestattete. Während aber Milhaud lieber ein neues Stück schrieb als an einem schon bestehenden zu feilen, arbeitete Hindemith seine alten Werke aus ästhetischen und auch ethischen Gründen hie und da um und verwarf einige seiner »Jugendsünden«, was Milhaud nie eingefallen wäre. Hindemith stand nicht nur unter dem Druck des aufkommenden rechtsextremistischen Spießertums in Deutschland, sondern es war ihm schon früh ein Bedürfnis, seine Stellung gegenüber der Welt verantwortungsbewußt zu klären. Milhaud hatte aber von Anfang an auch ernste, große Werke geschrieben wie die Musik zur *Orestie* von Aischylos in der Übersetzung von Claudel. Diese Arbeit von 1913 bis 1922 ist sehr bedeutend, vor allem wegen ihrer Abschnitte mit rhythmisiertem Sprechen, begleitet vom Schlagzeug, was einen archaischen, wilden Effekt zusammen mit den polytonalen Akkorden erzeugt. Doch das Erhabene lag für Milhaud ganz nahe beim Parodistischen und Leichten, was seine drei Opérasminute auf antike Sujets beweisen, die eng mit Hindemiths Aktivitäten verknüpft waren: *Zwischen 1922 und 1923 organisierte Paul Hindemith Konzerte für zeitgenössische Musik, die zuerst in Donaueschingen unter der Schutzherrschaft des Fürsten von Fürstenberg, später in Baden-Baden auf Veranlassung der Stadt und schließlich im Jahre 1930 in Berlin stattfanden. Seine absolute Unabhängigkeit erlaubte ihm jede Art musikalischer Experimente. Im Jahre 1927 beauftragte er mich, eine ganz kurze Oper zu schreiben. Henri Hoppenot [ein schriftstellernder Diplomat] versorgte mich mit einem Libretto: L'Enlèvement d'Europe, das poetisch, nonchalant und leicht ironisch war, zugleich aber alle Elemente der großen Oper en miniature besaß. Sie wurde zusammen mit der »Prinzessin auf der Erbse« von Toch, einer einstündigen Oper, mit »Mahagonny« von Kurt Weill, die eine halbe Stunde dauerte, und mit*

Hindemiths vierzehnminütigem »Hin und Zurück« aufgeführt. Emil Hertzka, der Direktor der Universal Edition, versprach sich von meiner Arbeit keinen finanziellen Erfolg. »Was für eine Idee, eine Oper, die nur neun Minuten dauert! Wenn Sie mir wenigstens eine Trilogie schreiben würden!« Die Idee gefiel mir. Ich wandte mich wieder an Henri Hoppenot, der mich trotz seiner offiziellen Pflichten (er war zu dieser Zeit in Berlin) rasch mit zwei weiteren Libretti im selben Stil versorgte: »L'Abandon d'Ariane« und »La Délivrance de Thésée«. Diese Trilogie dauert siebenundzwanzig Minuten.[17] Stolz erzählt Milhaud, daß die Trilogie in Wiesbaden und Budapest aufgeführt und von Columbia auf Schallplatten eingespielt wurde. Ganz unbeschwert schließt er mit der Bemerkung: *Ich konnte nie verstehen, warum die Firma nicht mehr Reklame mit der Tatsache machte, daß jede Oper nur eine Platte beansprucht.*[18]

Hemmungen, sich den Gesetzen des »Marktes« zu unterwerfen, existieren nicht, und die Trilogie ist weit von Aischylos/Claudels Ernst entfernt. Sie stellt nicht einmal den Anspruch, eine thematische Einheit beachten zu wollen. Der mythischen Schwere setzten Milhaud und Hoppenot das alltägliche Leben mit seinen faulen Kompromissen entgegen: Europa sollte auf väterlichen Rat den Helden Pergamon heiraten, der, vom Chor akklamiert, einen Stierkampf à la Carmen mit seinem vierbeinigen Nebenbuhler ausficht. Während das Volk in groteskem Stil den unterlegenen Pergamon beweint, verschwinden Europa und ihr Verführer unter »mykenischen Apfelbäumen« dem Meere zu. Ariadne aber klagt nicht lange um Theseus, denn Bacchus gibt ihm so viel Wein zu trinken, daß er doppelt sieht und mit Phaedra, der Ungeliebten und Eifersüchtigen, von dannen zieht, worauf Bacchus und sein Gefolge fröhlich die Hochzeit mit Ariadne feiern. Theseus ist es im dritten Stück ganz zufrieden, daß er Phaedra los wird, sie begeht nicht Selbstmord,

---

[17] Milhaud, S. 155.
[18] Milhaud, S. 155.

sondern wird vom Boten, der den klassischen Botenbericht gar nicht rezitiert, kurzerhand erstochen, und Aricie heiraten kann, was er sich schon immer gewünscht hat. Das hohle Pathos der klassischen französischen Tragödie wird aufs Korn genommen und von Milhaud mit munteren Tongirlanden umspielt. Jede Feindschaft gegenüber der tragischen Höhe fehlt dieser Musik; sie ist nicht bösartig satirisch, sondern sucht ganz unbefangen die Nähe zum banalen Leben, die Hindemith in Neues vom Tage und Hin und Zurück auf andere Weise auch herstellte.

Die Werke für Solobratsche mit Begleitung eines kleineren oder größeren Orchesters, die sich Milhaud und Hindemith gegenseitig gewidmet haben, wurden schon am Anfang dieses Aufsatzes erwähnt. Milhaud war fasziniert von der Einheit aus Komponist und Interpret, die er in seinem Freunde entdeckte. Im 19. Jahrhundert hatte eine ungünstige Spezialisierung stattgefunden, die bis heute bestehen blieb: auf der einen Seite der Schöpfer, der immer mehr dem Publikum nicht unmittelbar verständliche Werke schrieb, auf der andern der Nachschöpfer, der die Standardwerke des klassisch-romantischen Repertoires in einer ästhetischen Haltung spielte, die nichts mit der Gegenwart gemein hatte. Mit Hindemith schien die alte Personalunion, wie sie für frühere Zeiten selbstverständlich war, wiederhergestellt[19].
Milhaud übernimmt Elemente von Hindemiths Spieltechnik gleich zu Beginn seines Konzertes. Die vollgriffigen Akkorde weisen auf des Widmungsträgers Vorliebe für J. S. Bach, übersteigern und parodieren sie aber. Der Auftakt verwendet drei leere Saiten der Bratsche (g–d'–a') zusammen mit dem e auf der C-Saite, was im Barock unmöglich gewesen wäre, hier aber kräftig und elementar wirkt. Mit den leeren Saiten ist jedes beseelte Vibrato ausgeschlossen. Schon Strawinsky betonte in *L'Histoire du soldat* mit demselben Stilmittel seinen Abstand zur üblichen Virtuosenart, die mit kunstvollem Spiel in höheren Lagen möglichst jeden Ton

---

[19] Danuser, S. 26ff.

Beispiel 1: Milhaud, Concerto, T. 1–6, autographer Klavierauszug

zum Beben bringen möchte. Der zweite Akkord ist traditioneller: ein Quartsextakkord von B-Dur, der auch sehr leicht zu greifen wäre, müßte der Solist nicht unmittelbar nachher, wieder im Abstrich und in den höchsten Lagen, die zwei Sechzehntel und den Achtel (a" g" f") ansetzen. Brillant werden mit dieser Phrase das tiefe und das hohe Register des Instrumentes exponiert. Sie ist fünf Achtel lang und wird in der Folge unablässig wiederholt, so daß sich Verschiebungen im Zweivierteltakt ergeben: ein Prozedere, wie man es zuerst bei Strawinsky, wieder in *L'Histoire du soldat*, finden kann. Das Orchester verhält sich zum Solisten scheinbar indifferent, denn es exponiert eine zweitaktige Phrase, die transponierend absteigt (von B , über A nach G im oberen System). Zu den erwähnten rhythmischen Verschiebungen in der Bratschenstimme kommt nun eine zweite durch die Begleitung, die beide vom Tonvorrat F-Durs zehren, aber alle denkbaren vertikalen Beziehungen zulassen. Nach der Chromatik Richard Wagners und Schönbergs suchten schon Debussy, Strawinsky, Honegger, Poulenc u.a. nach neuen Zusammenklängen im diatonischen Bereich. Sie wirken weniger spannungsvoll und sind einfacher, nüchterner als die mit Tritoni und Querständen belastete Musik der Spätromantik und der Atonalität. Ganz anders verhält es sich mit dem Hauptthema des zweiten Satzes.

Beispiel 2: Milhaud, Concerto, T. 94–101.

Die Melodie bewegt sich oft in kleinen Intervallen und ist sehr ausdrucksvoll. Die untere Stimme bildet einen Kontrapunkt, ohne einen starken Kontrast zur oberen zu bilden. Man könnte ihr einen Mangel an Individualität vorwerfen, wenn sie in Takt 99 und 100 nicht wieder mit dem Anfangsmotiv aufgegriffen würde. Ihre sorgfältig kalkulierte Berechtigung erlangt sie erst, wenn das Thema von dichteren Akkorden begleitet und vom Solisten umspielt wird.

Beispiel 3: Milhaud, Concerto, T.113–120.

Es zeigt sich nun, daß diese scheinbar uncharakteristische Stimme dazu dient, allzu einfache harmonische Beziehungen des Themas mit den dreistimmigen Akkorden zu vermeiden. Immer wieder entstehen so dissonante Reibungen, die noch durch den Solisten verstärkt werden, welcher ganz im Sinne einer Bachschen Solosonate in Sechzehnteln parallele Sexten und andere Intervalle als vorgetäuschte Zweistimmigkeit spielt. Das Zusammenwirken der drei Ebenen des Solisten, der rechten und der linken Hand des Klavierauszuges ist aber noch weit kunstvoller. Denn die linke Hand wiederholt nach drei Takten dieselben Akkorde eine große Sekunde tiefer, wahrend die Bratsche Takt 114 bis 115 in der Folge auch eine große Sekunde tiefer wiederholt. Damit wird die rechte Hand des Klavierauszuges, in der man zuerst nur die etwas planlose Fortspinnung eines auch nicht sehr markanten Anfanges hat sehen können, in ein subtiles und komplexes Geschehen eingebaut. Vom Takt 119 verliert es aber seine strenge Gesetzmäßigkeit, und der Solist geht zu arpeggierten Akkorden in Zweiunddreißigsteln über, wie sie gerade wieder Bach in der Chaconne in d-Moll verwendet hat. Hindemiths Abneigung gegen die Polytonalität ist bekannt, doch hier tritt sie in einer so raffinierten Form auf, daß sie ihn bestimmt hat zufriedenstellen können, handelt es sich doch nicht um ein mechanisches Nebeneinanderherlaufen von zwei oder mehr Tonarten[20]. Die thematische Stimme suggeriert zwar e-Moll, mit dem dieser Satz auch schließt, und der Solist verwendet, von einigen wenigen Ausnahmen abgesehen, den Tonvorrat von G-Dur, aber die linke Hand des Klaviers exponiert keine bestimmte Tonart, sondern nur bestimmte Akkordtypen.

Hindemith beantwortete Milhauds freundschaftliche Herausforderung auf fulminante Art und Weise. Der erste Satz seiner Konzertmusik exponiert auch die hohen und tiefen Lagen der Bratsche, aber in breiterer Form. Der Solist steigt immer wieder in die zwei- oder sogar dreigestrichene Oktave hinauf, um dann jäh abzustürzen.

In der Höhe von c''' und d''' klingt die Bratsche grell, sie kann die Töne nicht mit derselben Milde und Süßigkeit spielen wie eine Geige. Der Absturz kommt plötzlich, unbegleitet vom Orchester, worauf ein Crescendo mit Doppelgriffen einsetzt, die, sobald sie dreistimmig werden, immer eine leere Saite enthalten, was das Arpeggieren, wie man es von Bach kennt, überflüssig macht. Der Bogen liegt so schwer auf den

---

[20] Paul Hindemith, *Unterweisung im Tonsatz. Theoretischer Teil*, Mainz 1940, S. 187.

Beispiel 4: Hindemith, Konzertmusik, 7 T. nach E bis 7 T. nach F.

Saiten, und gerade die leere Saite spricht so gut an, daß alle drei Töne simultan erklingen bei gleichzeitiger Vernachlässigung einer delikaten Tonschönheit, wie sie die Romantik kultiviert hat. Die hohen Lagen auf der D- und A-Saite wirken in derselben Richtung: der Klang wirkt angestrengt und halb erstickt. Die Entwicklung kulminiert im dritten Takt nach F, wo das Orchester in fast rein diatonischem C-Dur wie bei Milhaud die verschiedensten vertikalen Zusammenklänge auch mit polyrhythmischen Verschiebungen exponiert, wahrend die Bratsche in schriller Höhe eine weitere Schicht beisteuert. Des Franzosen Widmungswerk wirkt neben dem des Deutschen spielerisch und graziös, obwohl es gewisse Derbheiten auch nicht scheut. Im zweiten Satz setzt aber Hindemith einen Kontrast zu den Ausbrüchen des ersten. Die Bratsche setzt nach einer kurzen pathetisch-düsteren Einleitung mit dem Thema ein, dessen einzelne Abschnitte in sich diatonisch sind, aber doch zum chromatischen Total tendieren. Vom ersten c'' bis zum fis'' am Anfang des vierten Taktes erklingen alle zwölf Töne der chromatischen Skala. Von diesem fis'' bis zum sechsten Takt erscheinen sie wieder, worauf der Takt vor O einen Abgesang bildet. Der Satz weist den Zentralton C auf er schließt auch mit einem C-Dur-Akkord –, der Höhepunkt wird in dem hier wiedergegebenen Beispiel durch Fis, dem im Quintenzirkel vom C entferntesten Ton gebildet. Wie auch in vielen späteren, reiferen Werken geht Hindemith in diesem Thema von den einfachsten Intervallverwandtschaften aus, der erste Takt zum Beispiel von C zu G und F, der Ober- und der Unterquinte –, um dann, ohne direkte Tritonusbeziehungen, wie sie die Atonalität bevorzugte, alle Töne der Skala zu berücksichtigen. Der Baß des Orchesters markiert eine absteigende Linie, während die Oberstimmen kurze thematische Einwürfe bringen. Beides würde an Musik des Barocks denken lassen, an den Lamento-Baß auf der einen, an Concerti auf der andern Seite. Dazu kommt noch die Notierung in drei punktierten Halben mit der Metronomangabe 40–50. Doch der melodische und harmonische Reichtum ist durchaus zeitgenössisch. Trotz aller Archaismen schrieb Hinde-

Beispiel 5: Hindemith, Konzertmusik, N bis O.

mith eine Musik seiner Zeit, die, gerade in Deutschland, das Alte dem Neuen ohne Verfremdungen assimilieren wollte. Milhaud ist mit seinen Montagen von heterogenen Schichten artistischer als Hindemith, der in diesem letzten Beispiel eine unverstellte Sprache des direkten Espressivos spricht, mit Ruhe und Gelassenheit zwar, aber doch unmittelbar verständlich.

Chère Gertrude

Je viens de voir Pierre Monteux à qui j'ai montré mon concerto pour Paul. Il me charge de vous écrire pour demander si Paul voudrait le jouer avec le sien à Amsterdam. Mon concerto est court et il trouve qu'il peut très bien jouer son concerto et le mien au même programme. Si cela lui plait, comme Amsterdam n'est pas très loin, je tacherai de venir. La semaine prochaine le materiel et la partition seront disponibles à Vienne chez Hertzka et vous n'aurez qu'à correspondre avec Universal Edition.

En hâte bien aff.ᵗ à vous deux
Darius

Die Widmungsträger von Hindemiths *Konzert für Orchester* op. 38

Paul Hindemith schrieb sein *Konzert für Orchester* op. 38 (1925) *Für Franz und Margitchen Ernst 1925*, wie die Widmung lautet, die er dem Werk voranstellte. Die Identität der Widmungsträger, die für die Editionsarbeiten an dem Werk in der Hindemith-Gesamtausgabe (Paul Hindemith, *Sämtliche Werke*, Band II, 1: *Orchesterwerke 1916–30*, hrsg. v. Arnold Werner-Jensen, Mainz 1987) noch nicht geklärt werden konnte, ist nun aufgedeckt. In: Deutsche Zahnärztliche Zeitschrift (18) 1963, Heft 1, S. 33–34 fand sich eine Erinnerung an Franz Ernst, die W. Hoffmann-Axthelm verfaßte und die im folgenden mit den wichtigsten Auszügen mitgeteilt wird.

Giselher Schubert

[...] Franz Ernst wurde am 24. Dezember 1887 in Ramsen in der Rheinpfalz als Sohn eines Oberförsters geboren. 1908 begann er in Berlin das Studium der Zahnheilkunde, das er 1911 am gleichen Orte mit dem Staatsexamen beendete. Schon als Student betätigte er sich in der Abteilung für Chirurgische Prothese, deren Leitung er als Jungapprobierter übernahm und bis 1929 innehatte.
Während des ersten Weltkrieges arbeitete Ernst in Berlin zunächst unter Williger am Reservelazarett Zahnärztliches Institut, 1916 übernahm er außerdem die Leitung der Kieferstation an der Chirurgischen Klinik in der Ziegelstraßen, deren Direktor August Bier war. Diese Station führte er nach Kriegsende bis zur Gründung der Kieferklinik durch Axhausen (1928) weiter.
1919 holte Ernst am Berliner Leibnitz-Gymnasium das Abitur nach, 1921 folgte die Promotion, 1924 die Habilitation mit einer Arbeit über die chirurgische Behandlung der Gaumenspalten. Die Habilitationsschrift Ernst steht hoch über dem Durchschnitt, *schrieb Geheimrat Bier in seiner Beurteilung.* Es handelt sich hier wirklich von vorn bis hinten um eigene Arbeit, eigene Gedanken, eigene wissenschaftliche Untersuchungen, die sämtlich gut sind. *Weitere Arbeiten behandelten u.a. die Exartikulation der Mandibula und ihren prothetischen Ersatz (1917)*

und die chirurgische Behandlung der Progenie (1938). Für das chirurgische Handbuch von Kirschner-Nordmann verfaßte er den kieferchirurgischen Teil, in welchem er u.a. seine Methode der Gaumenspaltenplastik schilderte. Besondere Aufmerksamkeit widmete er auch den sprachlichen Ergebnissen nach dieser Operation. Mit der Ernstschen Platte, einer Zelluloidplatte, auf die systematisch schwarze Guttapercha aufgetragen wird, suchte er der narbigen Schrumpfung des eben geschlossenen Gaumensegels und der damit verbundenen Sprechstörung entgegenzuwirken. Auch auf dem Gebiet der Kieferbruchbehandlung hat er sich mit Erfolg betätigt.
1928 erfolgte die Ernennung zum Professor, und im gleichen Jahre stand Ernst gemeinsam mit Axhausen und Lindemann auf der Berufungsliste für die Nachfolge Willigers. Am 31. März 1929 verließ er den Hochschuldienst und widmete sich ganz seiner 1925 gegründeten Poliklinik gegenüber der Charité in der Luisenstraße, in der er mit mehreren Assistenten arbeitete, aber auch Kurse und Demonstrationen veranstaltete. Einem der ältesten und treuesten unter ihnen, Herrn Dr. Bremner in Berlin, verdanke ich die Daten dieser Laudatio.
Wir Studenten lernten Ernst als einen von Grund auf fröhlichen Menschen kennen, in dessen Kollegs es stets etwas zu lachen gab. Vor allem aber war er ein musischer Mensch, der seit seiner Immatrikulation im Akademischen Orchester die Violine spielte und einen großen Freundeskreis bekannter Künstler, darunter Namen wie Hindemith und Gieseking, Kurt Goetz und der Schauspieler Jakob Tiedtke, um sich zu scharen wußte. Den beiden erstgenannten war er in ihren Anfangsjahren wie auch manchem anderen nicht nur Freund, sondern auch Mäzen. Paul Hindemith widmete ihm sein Konzert für großes Orchester, *Goetz die Komödie* Hokuspokus.
[...] Am 22. Mai 1947 erlosch in der Stadt seines Wirkens dieses arbeitsreiche und ausgefüllte Leben; ein Jahr später folgte die Lebensgefährtin, die ihm nicht nur in der Praxis eine treue Helferin war, sondern auch seine künstlerischen und jagdlichen Passionen teilte. Die deutsche Zahn-

heilkunde aber verlor in ihm einen Mann, der ganz aus eigener Kraft als einer der ersten in das Gebiet der großen Kieferchirurgie vorstieß und damit bei den Meistern der Chirurgie sich und unserem Fache hohe Anerkennung erwarb.

W. Hoffmann-Axthelm, Düsseldorf

ANDRES BRINER, geboren 1923 in Zürich, Studium an Konservatorium und Universität (Germanistik und Musikwissenschaft) in Zürich. Tätigkeiten bei Radio Zürich, University of Pennsylvania, Neue Zürcher Zeitung. Seit 1987 Präsident der Paul-Hindemith-Stiftung.

ANDREAS TRAUB, geboren 1949, Studium der Musikwissenschaft in München und Bern. 1979–1990 Wissenschaftlicher Mitarbeiter, dann Hochschulassistent an der Freien Universität Berlin. Seit 1991 Lehrbeauftragter an der Universität Tübingen. Forschungen zur Landesmusikgeschichte in Baden-Württemberg.

PETER ACKERMANN, geboren am 18.9.1954, studierte an der Johann-Wolfgang-Goethe-Universität Frankfurt/Main Musikwissenschaft, Philosophie und Geschichte und lehrt heute am dortigen Musikwissenschaftlichen Institut.

WOLFGANG RATHERT, geboren 1960 in Minden/Westf. Studium der Musikwissenschaft, Philosophie und Neueren Geschichte an der Freien Universität Berlin. 1987 Promotion bei Rudolf Stephan mit *Ives-Studien* (Joachim-Tiburtius-Preis des Landes Berlin 1988). 1991–1994 Leitung der Musikbibliothek der HdK Berlin, seit 1995 Leitung der Musikabteilung der Sächsischen Landesbibliothek Dresden. Veröffentlichungen zur Musik des 19. und 20. Jahrhunderts.

SUSANNE SCHAAL, geboren 1964 in Weil/Rh., studierte Musikwissenschaft, Altphilologie, Italienisch und Philosophie. 1991 Promotion bei Rolf Dammann (Freiburg i. Br.) über *Musica Scenica. Die Operntheorie des Giovanni Battista Doni* (Frankfurt 1993). Seit 1993 wissenschaftliche Mitarbeiterin im Paul-Hindemith-Institut, Frankfurt/Main.

THEO HIRSBRUNNER, geboren am 2.4.31 in Thun (CH); Studien in Bern, Paris und Basel, u. a. bei Pierre Boulez. Autor von Büchern über Debussy, Ravel, Strawinsky, Messiaen und Boulez. Bis 1987 Dozent am Konservatorium Bern, seither freiberuflich tätig.